FORMAÇÃO DE PROFESSORES E PRÁTICAS DOCENTES PARA CRIANÇAS DE 0 A 10 ANOS

Organizadoras
Roberta Stangherlim
Ligia de Carvalho Abões Vercelli

ENSINAR E APRENDER NA EDUCAÇÃO DE CRIANÇAS: Formação e Práticas Docentes

volume 2

Porto de Idéias EDITORA

São Paulo, 2016

Coleção: Formação de Professores e Práticas Docentes para Crianças de 0 a 10 Anos

Ensinar e aprender na educação de crianças:
formação e práticas docentes (v. 2)

Organizadoras
Roberta Stangherlim
Ligia de Carvalho Abões Vercelli

Editor
Sebastião Haroldo de Freitas Corrêa Porto

Coordenação Editorial
Silvana Pereira de Oliveira

Projeto Gráfico
Otávio Silva

Capa
Nadya Hoffmann

Imagens da Capa: Eduardo Miguel, João Vitor Miguel, Julia Sampaio de Albuquerque, Kauê Conesa Bakun, Livia Conesa Bakun, Luisa Sampaio de Albuquerque, Mariana Brunatti de Moraes, Mateus Moreira Torres.

Dados Internacionais de Catalogação na Publicação (CIP)
(Câmara Brasileira do Livro, SP, Brasil)

Ensinar e aprender na educação de crianças : formação e práticas docentes / organizadoras Roberta Stangherlim, Ligia de Carvalho Abões Vercelli. -- São Paulo : Porto de Idéias, 2016. -- (Coleção formação de professores e práticas docentes para crianças de 0 a 10 anos ; v. 2)
Vários autores.
ISBN 978-85-8061-095-6
1. Crianças - Desenvolvimento 2. Educação infantil 3. Educação de crianças 4. Professores - Formação I. Stangherlim, Roberta. II. Vercelli, Ligia de Carvalho Abões. III. Série.

16-00545 CDD-370.71

Índices para catálogo sistemático:
1. Educação infantil : Formação de professores : Educação 370.71

Editora Porto de Idéias | Rua Perdões, 101 | Aclimação | CEP: 01529-030
São Paulo/SP - Brasil | Tel.: 11 3884-3814 | www.portodeideias.com.br

Sumário

Apresentação

A coleção "Formação de professores e práticas docentes para crianças de 0 a 10 anos" foi organizada com o intuito de compartilhar os estudos realizados pelo Grupo de Pesquisa em Educação Infantil e Formação de Professores (Grupeiforp), registrado no diretório de pesquisas do CNPq, o qual é constituído por pesquisadores, estudantes e egressos do Programa de Mestrado em Gestão e Práticas Educacionais da Universidade Nove de Julho (Progepe-Uninove) e coordenado pelas professoras doutoras Roberta Stangherlim e Ligia de Carvalho Abões Vercelli. Também participam do Grupeiforp, como colaboradores convidados, professores das redes públicas de ensino da cidade de São Paulo e da região metropolitana conhecida, a qual abrange os municípios de Santo André e São Bernardo do Campo.

Pelo fato desse grupo de pesquisa estar inserido em um mestrado profissional, entende-se que a parceria realizada entre pesquisadores da instituição de Ensino Superior e profissionais de escolas públicas da educação básica torna-se bastante profícua para o desenvolvimento de seus estudos, tendo em vista o delineamento de propostas de investigação que podem contribuir para a construção de conhecimento, mesmo que provisório, diante dos inúmeros desafios enfrentados, cotidianamente, pelos diversos atores que compõem a comunidade escolar – equipe gestora, equipes de funcionários de apoio, corpo docente e discente, familiares e membros da comunidade do entorno da escola.

Especificamente, no Grupeiforp, os estudos realizados enfocam a formação inicial e continuada e as práticas de gestão e pedagógicas de profissionais que atuam nas escolas de educação básica que se dedicam à educação das crianças de 0 a 10 anos de idade, ou seja, são foco dos estudos do grupo a formação desses profissionais bem como as suas práticas educativas na Educação Infantil e nos Anos Iniciais do Ensino Fundamental – nos âmbitos administrativo, político e pedagógico. Além disso, há no Grupeiforp estudos com foco de investigação na formação e no exercício profissional de educadores e de crianças de 0 a 10 anos inseridos em espaços de educação não formal.

A coleção está organizada em três livros, sendo que cada um deles compõe capítulos nos quais são expostos resultados de pesquisas concluídas ou em andamento, como também relatos de práticas de professores que ao refletirem sobre elas pretendem tomá-las como ponto de partida para a elaboração de uma proposta de pesquisa, que poderá tornar-se mais adiante objeto de investigação de seu respectivo projeto de mestrado. Assim, temos os seguintes títulos para cada um dos livros: 1. *Gestão e docência: formação continuada para educar crianças de 0 a 10 anos*; 2 *Ensinar e aprender na educação de crianças: formação e práticas docentes;* 3. *Educação de crianças: temas de pesquisa e intervenção em debate.*

O livro *Ensinar e aprender na educação de crianças: formação e práticas docentes* está constituído por sete capítulos, os quais terão seus objetivos centrais e autores apresentados a seguir.

Juliana Benda, professora em escola estadual da cidade de São Paulo, em "Afetividade na prática pedagógica sob a perspectiva freiriana", apresenta um recorte da dissertação de mestrado, defendida em dezembro de 2015, na qual discute a importância da dimensão afetiva como parte do processo de ensino-aprendizagem entre docentes e discentes. No texto, a autora disserta sobre a histórica dicotomia entre afetividade e cognição e se debruça em analisar a presença da categoria afetividade a partir do estudo de algumas das obras do educador Paulo Freire.

Djanira Alves Biserra Araujo e Ligia de Carvalho Abões Vercelli, respectivamente assistente pedagógica em uma creche municipal da cidade de Santo André e professora no curso do mestrado em Gestão e Práticas Educacionais da Uninove, em "Os espaços da creche como elementos educativos", refletem e analisam a mediação dos professores com as crianças de 0 a 3 anos, nos espaços lúdicos da creche. Desenvolvem a sua argumentação abordando os conceitos de espaço e ambiente; organização, cuidado e mediação do professor, a dimensão lúdica e sua importância para o desenvolvimento das crianças.

Adriana Oliveira Lacerda Pinto e Aline Oliveira Lacerda Gordilho, ambas professoras em uma escola municipal de Educação Infantil da cidade de São Paulo, em "Percursos de leitura: possibilidades de mediação da leitura para as crianças da Educação Infantil", refletem e analisam a respeito da prática de leitura que desenvolvem com as crianças de 4 a 5 anos de idade. Declaram que foram instigadas pelo coordenador da escola na qual lecionam a reorientar a forma como trabalhavam a leitura com as crianças de suas turmas e que, nesse processo, perceberam que necessitavam "trilhar novas possibilidades de mediação de leitura". Admitem terem resistido diante do desafio da mudança, mas que no percurso compreenderam que, ao reorientar a estratégia de leitura que adotavam, puderam alcançar maior êxito no que se refere à capacidade leitora das crianças. As autoras apresentam, diante do processo vivenciado, como compreendem a leitura, o porquê da leitura na Educação Infantil e o que ler e como ler para as crianças.

Carolina Mariane Miguel, coordenadora de serviços educacionais da rede municipal de ensino de Santo André (SP), extrai parte de sua dissertação de mestrado, defendida no ano de 2015, para em "Leitura e escrita: possibilidades de práticas pedagógicas na Educação Infantil" trazer um breve histórico dos métodos de alfabetização no Brasil e discutir a importância da leitura e da escrita, abordando-a mais especificamente no contexto da educação escolar de crianças de 4 a 5 anos de idade. Destaca possibilidades de trabalho pedagógico com essa faixa etária na escola de Educação Infantil, "considerando as experiências didaticamente organizadas em 4 eixos que se inter-relacionam: oralidade, leitura, escrita e produção de texto". Dentre as conclusões da autora, somos provocados a pensar que ao "conhecer cada criança é possível propor desafios ajustados às suas necessidades para que continue se desenvolvendo no processo de aquisição da leitura e da escrita".

Amanda Maria Franco Liberato, professora em escola das redes estadual e municipal da cidade de São Paulo, em "Projeto Ler e Escrever: práticas de alfabetização com crianças de 6 anos", nos apresenta parte de sua dissertação de mestrado defendida no ano de 2015, analisando as concepções de alfabetização do Projeto Ler e Escrever da Secretaria Estadual de Educação paulista em diálogo com autores das teorias construtivistas de alfabetização e, por fim, disserta sobre sua experiência como professora alfabetizadora de crianças de 6 anos de idade matriculadas no 1º ano do Ensino Fundamental. Finalmente, nas palavras da autora, "a proposta construtivista possibilita à criança explorar o mundo das letras, principalmente antes de serem alfabetizadas", e prossegue, "na nossa forma de entender, esse processo inicia-se na infância".

Sueli Julioti, professora em escolas das redes municipal e estadual da cidade de São Paulo, em "Formação Continuada e a Alfabetização: o PNAIC e as práticas de professoras dos anos iniciais do Ensino Fundamental", analisa a formação continuada de professores alfabetizadores que participaram dos encontros presenciais do programa federal intitulado Pacto Nacional pela Alfabetização na Idade Certa (PNAIC). No contexto dessa análise, reflete sobre o que e como ensinar à criança de 6 anos diante do currículo proposto para os anos iniciais do Ensino Fundamental.

Ana Paula Brunatti de Moraes, professora de inglês em escola privada de Educação Infantil na cidade de Bauru (SP), em "Uma Experiência no ensino de língua inglesa na Educação Infantil: a importância da ludicidade para o aprendizado", trata de refletir e analisar a experiência que teve em desenvolver atividades lúdicas no ensino de inglês com crianças de 3 anos. Autores como Piaget e Vygotsky são referências para compreender como a criança aprende e a importância da ludicidade nesse processo.

Fernanda Pereira da Silva, que atua no Instituto Federal de São Paulo com Tecnologia da Informação, no capítulo "Tecnologias da Informação e da Comunicação na Educação", aborda o surgimento da tecnologia e seu conceito sob a ótica de diferentes autores. Enfoca sua análise na discussão de como as tecnologias da informação e comunicação podem ser utilizadas de modo a potencializar o ensino/aprendizagem na educação escolar. Nesse sentido, a autora argumenta a respeito das características das lousas digitais interativas.

Em síntese, os capítulos dedicados ao tema das diferentes linguagens na educação das crianças de 0 a 10 anos, destacam as dimensões da afetividade, da ludicidade dos espaços da escola da infância, no trabalho pedagógico do ensino da leitura e da escrita, nas possibilidades lúdicas do ensinar e aprender uma segunda língua, na formação continuada de professores e nas propostas curriculares de alfabetização.

Esperamos que as reflexões suscitadas pelas autoras possam gerar tantas outras indagações referentes à temática abordada e que estimulem os leitores e as leitoras a continuarem refletindo, individual e coletivamente, nos espaços em que estão inseridos para que surjam novas perguntas no intuito de reorientar as práticas educativas e de abrir caminhos para novas investigações no campo da Educação Infantil e formação de professores.

Boa Leitura!

Roberta Stangherlim & Ligia de Carvalho Abões Vercelli

Afetividade na prática pedagógica sob a perspectiva freiriana

Juliana Benda[1]

Introdução

O presente capítulo é um recorte da minha dissertação de mestrado que teve por objeto de estudo a afetividade na prática pedagógica de professores do Ensino Médio sob a ótica dos discentes. Embora minha pesquisa tenha sido realizada com estudantes do Ensino Médio, o tema da afetividade perpassa todas as relações humanas e, principalmente, aquelas que envolvem o aprendizado. Portanto, é de fundamental importância pensarmos na afetividade entre docentes e discentes de todas as etapas da educação como parte do processo de ensino-aprendizagem.

A inquietação para pesquisar o tema afetividade surgiu logo no início da minha carreira profissional como professora efetiva em uma conversa informal que tive com alunos do terceiro ano do Ensino Médio em uma de minhas aulas de Sociologia. Eu estava buscando uma resposta ao desinteresse deles pelos estudos e, assim, começamos um diálogo sobre o assunto. No desenrolar da conversa chegamos ao tema da afetividade. Alguns alunos me disseram que a maneira como o docente atua, a forma como conversam com eles, como chamam a atenção reflete na maneira como eles se interessam ou não pelas aulas e, consequentemente, pela disciplina que o professor ministra e pelo vínculo que estabelecem com ele.

À época, os referenciais teóricos utilizados para discutir a categoria afetividade foram Vygotsky e Paulo Freire, porém, nesse capítulo, nos deteremos nas ideias de Freire. O capítulo está dividido em duas partes, a saber: na primeira parte faremos um breve percurso histórico da dicotomia entre afetividade e cognição e, em seguida, discutimos como a categoria afetividade se apresenta em algumas obras de Freire.

---

1. Mestre em Educação (Uninove). Bacharel e Licenciada em Ciências Sociais (PUC-SP), com especialização em Sustentabilidade e Políticas Públicas (AVM-RJ), atualmente exerce a função de professora de sociologia da rede pública estadual de São Paulo. E-mail: jubenda@gmail.com.

A dicotomia entre afetividade e cognição: um breve percurso histórico

O papel da dimensão afetiva nas práticas pedagógicas tem ganhado destaque nos últimos anos ao tentar compreender a importância da afetividade no contexto escolar e nas relações de ensino e aprendizagem, pois até o século XX o trabalho pedagógico levava em consideração apenas a dimensão cognitiva e intelectual dos estudantes e o aspecto afetivo não era considerado nas práticas pedagógicas. Segundo Leite e Tassoni (apud MELO, 2002, p. 143),

> [...] o racional e o emocional que tem permeado a trajetória do pensamento e conhecimento humano há vários séculos, impede uma compreensão adequada das relações entre ensino e aprendizagem e da própria totalidade do ser humano. Isso vem comprovar uma análise somente cognitiva do ser humano, esquecendo-se que ainda faz parte deste ser os aspectos emocionais e relacionais.

Segundo Chauí (2003, p. 62),

> a palavra razão origina-se de duas fontes: a palavra latina ratio e a palavra grega *lógos*. [...] *Ratio* vem do verbo *reor*, que quer dizer contar, reunir, medir, juntar, separar, calcular e *lógos* vem do verbo *legein*, que quer dizer contar, reunir, juntar, calcular.

Sendo assim, a razão "é a capacidade intelectual para pensar e exprimir-se correta e claramente, para pensar e dizer as coisas tais como são". Vê-se, portanto, que o conceito razão carrega em si algo que é dado e entendido da maneira que se coloca independente das emoções contidas no processo (CHAUÍ, 2003, p. 62).

Bercht (2001) ressalta que a discussão sobre o papel da afetividade na subjetividade humana teve início com os estudos de Lao-Tsé, filósofo chinês do Século VI a.C., na civilização oriental e, com Sócrates, nos anos de 470 a 399 a.C., na civilização ocidental.

Da Grécia antiga até a modernidade, a razão se encontra dissociada da emoção.

Platão (427-347 a.C.) fez uma primeira tentativa de estudo dos aspectos afetivos ao estruturar a alma: cognição, emoção e motivação, porém, para ele, os instintos, emoções e doenças constituíam obstáculos à racionalidade (BERCHT, 2001). Na concepção platônica de filosofar, os sentidos devem ser reprimidos ou até mesmo suprimidos, para assim o homem poder se libertar das paixões priorizando o pensamento, agindo dessa forma moralmente e racionalmente, tornando-se, dessa maneira, um homem virtuoso (PADOVANI; CASTAGNOLA, 1990, p. 119).

Aristóteles (384-322 a.C.) buscava desenvolver um sistema universal de raciocínio, pelo qual os homens pudessem conhecer todas as coisas sobre a realidade. Para esse filósofo, a função natural da humanidade é apenas raciocinar e raciocinar bem. Seria esse o segredo para a plena evolução do potencial humano (HARWOOD, 2013).

No século XVII, Descartes (1596-1650), considerado o pai da filosofia moderna, e Espinosa (1632-1677) revolucionaram o pensamento filosófico. Na afirmação cartesiana "penso, logo existo", Descartes atribui valor ao conhecimento racional, desvalorizando o conhecimento sensível, assim, os estados da alma eram vistos como irracionais. "O mundo dos sentimentos, das emoções, das paixões é desvalorizado por Descartes em campo prático, como a sensação o fora em campo teorético". (PADOVANI; CASTAGNOLA, 1990, p. 291). Espinosa dizia que "sentimentos são ideias e todo pensamento é ação; então qualquer ação é caracterizada pela ideia que o acompanha". Diferentemente de Descarte, Espinosa não separava corpo e alma, sentimento e razão, buscando, desta forma, reunir esses aspectos para que pudesse entender o ser psicológico completo (OLIVEIRA; REGO, 2003).

No século XVIII, com o Iluminismo, os filósofos passaram a refletir sobre a capacidade da mente humana. Para Locke (1632-1704) todo conhecimento nasce da experiência do mundo externo e da reflexão interior. Esse filósofo considerava a mente, no momento do nascimento, como uma tábula rasa, isto é, uma folha em branco na qual tudo seria inscrito.

Harwood (2013) ressalta que para Leibniz (1646-1716), a realidade consiste em uma infinidade de unidades, denominadas por ele de "mônadas". Escreveu ele: as mônadas são "os átomos reais da natureza e, em uma palavra, os componentes das coisas". Berkeley (1685-1753) afirmava que tudo que existe depende da mente para sua existência. Para ele, até os objetos mais simples são compostos de ideias. Assim como Locke, Voltaire "[...] defendeu a razão acima da ignorância, da intolerância, do fanatismo e da superstição religiosa". Para esse filósofo, o conhecimento não é inato, deriva única e exclusivamente da experiência humana. Por defender esse princípio, Voltaire iniciou a chamada "idade da razão" (HARWOOD, 2013).

O autor salienta que Hume (1711-1776) declarava que a moral era um sentimento, um estado afetivo não racional, que contribuía para a felicidade da sociedade. Para ele, qualquer conhecimento que não se baseie na experiência é, por definição, falso e precisa ser descartado. Para esse filósofo, fora da matemática, era impossível que o homem soubesse qualquer coisa com certeza, a menos que provasse empiricamente.

Rousseau (1712-1778), considerado pai da Pedagogia moderna, traz uma inovação no pensamento filosófico. Enquanto os demais filósofos priorizavam a objetividade e a razão, ele pensa num plano mais subjetivo revelando uma maneira de pensar no qual emoção e razão não são dissociados. Na obra *Emílio*, Rousseau dedica um capítulo voltado aos dois primeiros anos de vida da criança, pois, para ele, os estudiosos da época tinham uma falsa ideia sobre a infância. Ele foi o primeiro a dizer da necessidade de considerar as particularidades de cada criança (CERIZARA, 2001).

Kant (1724-1804), o mais importante filósofo da era moderna, afirmava que se "Deus tivesse feito o homem para ser feliz, não o teria dotado de razão". Para esse filósofo é a razão que determina o que é moralmente certo e errado. Ele dizia que "quanto mais uma razão cultivada se consagra ao gozo da vida e da felicidade, tanto mais o homem se afasta do verdadeiro contentamento". Na filosofia kantiana as paixões são vistas como "enfermidades da alma", logo a razão se sobrepunha à emoção (ARANTES, 2003).

Segundo Harwood (2013), Burke (1729-1797) desconfiava das ideias abstratas. Para ele, os direitos abstratos não são nada mais do que "uma mina que levará em uma grande explosão todos os exemplos de certeza" (p. 90).

Longhi, Reategui, Bercht e Behar (s/d) apontam que a pesquisa científica moderna sobre a origem das emoções teve início com Darwin. Ele partia do pressuposto que as expressões de emoções faciais são respostas emocionais que podem ser observadas em todos os membros de uma espécie que, associadas a outros comportamentos, determinariam a evolução da espécie, porém, segundo os autores, foram William James e Carl Lange que apresentaram, em 1884, a primeira teoria fisiológica da emoção. Eles afirmavam que a emoção era produzida pelo comportamento corporal desencadeado por um evento emocional, tais como batimentos cardíacos, enrubescimento etc., e não o oposto.

Os autores complementam que, no início do século XX, Walter Cannon e Philip Bard propuseram uma teoria alternativa, a de James e Lange, a qual a experiência emocional e o comportamento corporal constituem processos diferenciados sem que haja relação direta. Nessa época, segundo os autores, os movimentos filosóficos enfatizaram os debates sobre pensamento, conhecimento, comportamento, razão e emoção. Posteriormente, os estudos das diferentes teorias psicológicas, tais como a Gestalt de Kurt Lewin, a Psicanálise de Freud, o Behaviorismo de Skinner, a Epistemologia Genética de Piaget, a Psicologia cultural e sócio-histórica de Vygotsky e a Psicogênese da Pessoa Completa de Wallon impulsionaram a importância da dimensão afetiva nas atividades cognitivas.

Além desses estudos, Arantes (2002) ressalta que, atualmente, as pesquisas de Damásio (1996), Joseph LeDoux (1993-1999) no campo da Neurologia; de Greenberg (1993;1996), de Howard Gardner (1994), de Daniel Goleman (1995) Nico Fridja (2000) no campo da Psicologia têm merecido destaque, uma vez que eles também não dicotomizam os aspectos afetivos dos cognitivos.

De acordo com Leite (2011), no ano de 1932, no Brasil, com a divulgação do Manifesto dos Pioneiros da Educação Nova, a criança ganhou destaque e passou a ser vista como centro do processo diferenciando-se da educação tradicional na qual ela era entendida como um adulto em miniatura. Essa nova Pedagogia que era baseada no pedocentrismo, ou seja, nas especificidades infantis, trouxe uma nova concepção para o papel da educação. Desde então, uma nova concepção de homem tem ganhado destaque nos estudos, na qual afetividade e cognição são entendidas como categorias indissociáveis.

Entretanto, Arantes (2003) destaca que as metáforas da atualidade nos mostram como as premissas filosóficas citadas ainda estão presentes quando ouvimos as seguintes frases do senso comum: "não aja com o coração", "coloque a cabeça para funcionar", "seja mais racional". A autora sugere que tais ideias nos levam a pensar que, para que tomemos decisões corretas, os sentimentos e emoções devem ser eliminados deixando que a racionalidade seja priorizada no pensamento.

A afetividade na prática pedagógica sob a perspectiva freiriana

Paulo Freire é um dos mais importantes educadores brasileiros e trouxe contribuições significativas à prática pedagógica. Suas convicções políticas são marxistas, dessa forma, o autor busca uma transformação social baseada nas relações entre opressores e oprimidos. Ele traz um novo olhar para a relação entre educador e educandos e propõe a amorosidade, a humildade, o diálogo, a tolerância, o querer bem aos educandos, a autoridade, a ética, a curiosidade como elementos, entre outros, sem os quais não há prática educativa.

As categorias elencadas acima nos remetem à afetividade, porém vale lembrar que segundo Redin e Zitkoski (2010), Paulo Freire não explicita as categorias afetividade e amorosidade, porém, principalmente a obra *Pedagogia da autonomia*, se configura como expressão da vivência da afetividade no texto e na prática do autor. Ao explicar os diferentes saberes necessários à prática educativa, Freire destaca

> [...] as dimensões do afeto e suas expressões com o desdobramento ético e estético decorrente da experiência *cara a cara* com o educando, no processo educativo. (REDIN; ZITKOSKI, 2010, p. 26)

Nesse sentido, Freire (2004) ressalta que:

> [...] O que importa, na formação docente, não é a repetição mecânica do gesto, este ou aquele, mas a compreensão do valor dos sentimentos, das emoções, do desejo, da insegurança, a ser superada pela segurança, do medo que, ao ser "educado", vai gerando a coragem. (FREIRE, 2004, p. 45)

A amorosidade na obra freiriana permeia todas as relações educativas. Freire tinha amor à boniteza da vida e às pessoas. Não é possível pensar as ideias de Freire sem levar em consideração a amorosidade que ele via no ato de ensinar.

> [...] Para Paulo Freire, a "educação é um ato de amor", sentimento em que homens e mulheres veem-se como seres inacabados e, portanto, receptivos para aprender, sendo que "não há diálogo [...] se não há um profundo amor ao mundo e aos homens. Não é possível a pronúncia do mundo, que é um ato de criação e recriação, se não há amor que o funda [...]. Sendo fundamento do diálogo, o amor é, também, diálogo". (FREIRE, 1987, p. 79-80 apud NASCIMENTO, s/d, p. 1)

Segundo Nascimento (s/d), a relação pedagógica freiriana perpassa pela afetividade, amorosidade e dialogicidade oportunizando o desenvolvimento da educação como prática da liberdade e da humanização. Sendo assim, não há como exercer a docência sem possuir afeto pelos educandos e pelo mundo. A amorosidade é o que dá o significado na prática pedagógica tanto em relação aos alunos quanto ao ato de ensinar.

> A seriedade e o rigor estão implícitos na prática pedagógica baseada na amorosidade e no diálogo, posto que, dialogar e demonstrar amor pelos estudantes não significa infantizar ou docilizar a educação, nem assumir o papel de 'bonzinho'. O professor que assume seu amor pelo mundo e pelos educandos, o demonstra por meio da seriedade no planejamento de suas aulas, da busca constante de práticas que promovam a aprendizagem, do estabelecimento de

> vínculos afetivos saudáveis, em que todos se sintam acolhidos e, portanto, convidados a se expressar. (NASCIMENTO, s/d, p. 3)

Segundo Redin e Zitkoski (2010), quando pensamos na amorosidade freiriana pensamos na afetividade que permeia todas as relações humanas e, principalmente, na que envolve os docentes e os discentes, assim, trata-se de um compromisso, um comprometimento consigo e com o que diz respeito à dimensão ética da obra do autor.

> Freire trabalha com a concretude da produção do sentido e do sentir amorosidade/amor como uma potencialidade e uma capacidade humana que remete a uma condição de finalidade existencial ético-cultural no mundo e com o mundo. Uma amorosidade partilhada que proporcione dignidade coletiva e utópicas esperanças em que a vida é referência para viver com justiça nesse mundo. (REDIN; ZITKOSKI, p. 37)

A amorosidade segundo Freire deve se juntar à humildade, pois é ela que dá significado ao trabalho pedagógico.

> [...] E amorosidade não apenas aos alunos, mas ao próprio processo de ensinar... um amor armado de quem se afirma no direito ou no dever de ter o direito de lutar, de denunciar, de anunciar. (FREIRE, 1987, p. 38)

A humildade, segundo Freire (1997, p. 37), nos ajuda a reconhecer que ninguém sabe ou ignora tudo já que todos sabemos e ignoramos algo. A humildade nos possibilita ouvir com atenção quem nos procura, e isto é um dever humano e democrático. Pois ao ouvir o outro, podemos dialogar.

> [...] Se, humilde, não me minimizo, nem aceito humilhação, por outro lado, estou sempre aberto a aprender e ensinar... uma das expressões da humildade é a segurança insegura, a certeza incerta e não a certeza demasiado certa de si mesma. (FREIRE, 1987, p. 37)

Vale lembrar que, para o autor, a humildade não tem conotação de autodesprezo, insignificância, baixa autoestima como sugere o senso comum. Segundo Redin e Zitkoski (2010), para Freire a humildade

> [...] é uma exigência de todo educador e educandos, que consiste na luta em favor do respeito e dever irrecusável de defesa de seus direitos e de sua dignidade enquanto prática ética. [...] Humildade não é submissão, nem demérito, nem modéstia, nem fraqueza. A tarefa do educador, que exige humildade, vem junto com a exigência da amorosidade, do respeito por si e pelos outros, da tolerância e da luta em defesa dos direitos de educadores e educandos pela sua história. (REDIN; ZITKOSKI, 2010, p. 212)

Para Streck (2007, p. 19), a amorosidade na visão freiriana é vida, vida com pessoas, qualidade que se torna substanciada ao longo de sua obra e vida. Condição assentada na centralidade da possibilidade dialógica, que exige o amor e a confiança, em que o diálogo nunca está aprontado, é sempre um caminho.

Para que o diálogo se dê, segundo o autor, devemos ter tolerância, pois esta permite uma experiência democrática autêntica, é a virtude que nos ensina a conviver com o diferente. "[...] A aprender com o diferente, a respeitar o diferente... A tolerância requer respeito, disciplina, ética" (FREIRE, 1987, p. 39).

Para que a tolerância seja bem empregada a paciência e a impaciência devem viver em permanente tensão segundo Freire.

> [...] A virtude não está, pois, em nenhuma delas sem a outra, mas em viver a permanente tensão entre elas. Viver e atuar impacientemente paciente, sem jamais se dar a uma ou a outra isoladamente. (FREIRE, 1987, p. 41)

Dessa forma, impõe-se outra qualidade para Freire, a parcimônia verbal que permite um diálogo equilibrado entre ambas as partes.

A consciência de si em relação aos outros e ao mundo é uma especificidade humana, assim como a amorosidade e a dialogicidade são conceitos fundantes da teoria pedagógica freiriana.

O diálogo é o ponto central da prática pedagógica freiriana, pois,

> [...] O diálogo pertence à natureza do ser humano, enquanto ser de comunicação. O diálogo sela o ato de aprender, que nunca é individual, embora tenha uma dimensão individual. (FREIRE, 1987, p. 14)

> Os métodos da educação dialógica nos trazem à intimidade da sociedade, à razão de ser de cada objeto de estudo. Através do diálogo crítico sobre um texto ou um momento da sociedade, tentamos penetrá-lo, desvendá-lo, ver as razões pelas quais ele é como é, o contexto político e histórico em que se insere. Isto é para mim um ato de conhecimento e não uma mera transferência de conhecimento, ou mera técnica para aprender o alfabeto. O curso libertador "ilumina a realidade no contexto do desenvolvimento do trabalho intelectual sério". (FREIRE, 1987, p. 25)

Portanto, para Freire, o diálogo é algo essencial para a construção de um conhecimento coletivo, propondo a troca de saberes acadêmicos ou não entre os participantes, integrando-os em um processo de ensino-aprendizagem no qual educador e educando são ao mesmo tempo mestres e aprendizes.

O diálogo transmite a palavra e, segundo o autor, a palavra nada mais é do que a práxis e o seu sentido é o de mudar o mundo, para o autor os homens se fazem na palavra, no trabalho e na ação-reflexão (FREIRE, 1987, p. 44). "O diálogo é este encontro dos homens, mediatizados pelo mundo, para pronunciá-lo, não se esgotando, portanto, na relação eu-tu" (FREIRE, 1987 , p. 45).

> Porque é encontro de homens que pronunciam o mundo, não deve ser doação do pronunciar de uns a outros. É um

> ato de criação. Daí que não possa ser manhoso instrumento de que lance mão um sujeito para a conquista de outro. A conquista implícita no diálogo é a do mundo pelos sujeitos dialógicos, não a de um pelo outro. Conquista do mundo para a libertação dos homens. (FREIRE, 1987, p. 45)

O diálogo está intimamente relacionado com a afetividade como cita o autor:

> Não há diálogo, porém, se não há um profundo amor ao mundo e aos homens. Não é possível a pronúncia do mundo, que é um ato de criação e recriação, se não há, amor que a infunda. (FREIRE, 1987, p. 45)

Trata-se do compromisso amoroso com a causa da libertação, segundo Freire. E para ele "A fé nos homens é um dado a *priori* do diálogo" (FREIRE, 1987, p. 46).

Freire (1987, p. 79), na obra *Pedagogia do oprimido*, diz que:

> A conquista implícita no diálogo é a do mundo pelos sujeitos dialógicos, não a de um pelo outro. Conquista do mundo pela libertação dos homens. Não há diálogo, porém, se não há um profundo amor ao mundo e aos homens.

O diálogo, segundo o autor, pressupõe a disciplina do silêncio, na qual os sujeitos falam e se escutam "[...] É um 'sine qua' da comunicação dialógica" (FREIRE, 1997, p. 44). Educador e educando têm direito e o dever à palavra e por isso é

> [...] intolerável o direito que se dá a si mesmo para o educador autoritário de comportar-se como o proprietário da verdade de que se apossa e do tempo para discorrer sobre ela. (FREIRE, 1997, p. 44)

Para que haja o respeito aos saberes do educando, o professor deve saber escutar.

> [...] Somente quem escuta paciente e criticamente o outro, fala com ele... O educador que escuta aprende a difícil lição de transformar o seu discurso, às vezes necessário, ao aluno, em uma fala com ele. (FREIRE, 1997, p. 43)

Freire é a favor das possibilidades de existência, recusando qualquer tipo de fatalismo.

> [...] Ensinar não é transferir inteligência do objeto ao educando mas instigá-lo no sentido de que, como sujeito cognoscente, se torne capaz de inteligir e comunicar o inteligido. É neste sentido que se impõe a mim escutar o educando em suas dúvidas, em seus receios, em sua incompetência provisória. E ao escutá-lo, aprendo a falar com ele. (FREIRE, 1997, p. 45)

Isso significa querer bem ao estudante que, para Freire (1997, p. 52),

> Esta abertura de querer bem não significa, na verdade, que, porque professor, me obrigo a querer bem a todos os alunos de maneira igual. Significa, de fato, que a afetividade não me assusta, que não tenho medo de expressá-la. Significa, esta abertura ao querer bem a maneira que tenho de autenticamente selar meu compromisso com os educandos, numa prática específica do ser humano. Na verdade, preciso descartar como falsa a separação radical entre seriedade docente e afetividade. Não é certo, sobretudo do ponto de vista democrático, que serei tão melhor professor quanto mais severo, mais frio, mais distante e "cinzento" me ponha nas minhas relações com os alunos, no trato dos objetos cognoscíveis que devo ensinar. A afetividade não se acha excluída da cognoscibilidade. O que não posso obviamente permitir é que minha afetividade interfira no cumprimento ético de meu dever de professor no exercício de minha autoridade. Não posso condicionar a avaliação do trabalho escolar de um aluno ao maior ou menor bem querer que tenha por ele.

O querer bem aos educandos implica a responsabilidade do professor que é imensa, como cita o autor [...] "Sua presença na sala de aula é tal maneira exemplar que nenhum professor ou professora escapa ao juízo que dele ou dela fazem os alunos" (FREIRE, 1997, p. 27). Para tanto, o professor deve ser uma autoridade na sala de aula, contudo não pode ser autoritário:

> A desconsideração total pela formação integral do ser humano e a sua redução a puro treino fortalecem a maneira autoritária de falar de cima para baixo. Nesse caso, falar a, que, na perspectiva democrática é um possível momento do falar com, nem sequer é ensaiado. A desconsideração total pela formação integral do ser humano, a sua redução a puro treinamento fortalecem a maneira autoritária de falar de cima para baixo a que falta, por isso mesmo, a intenção de sua democratização no falar com. (FREIRE, 1997, p. 44)

No que se refere à autoridade, Redin e Zitkoski (2010) ressaltam que esse conceito demarca pedagógica e politicamente uma posição que supera o autoritarismo e a licenciosidade. Assim, a autoridade pedagógica para Freire

> [...] deve garantir condições a todos à exposição do que sabem, exigindo o máximo de cada um. Deve propor e organizar ações coletivas que possibilitem trocas (regradas) e provoque a produção de referências para confrontar comportamentos individuais e sociais. (REDIN; ZITKOSKI, 2010, p. 54)

Os mesmos autores complementam que a autoridade política "[...] tem a tarefa de organizar e avaliar as relações entre a educação e a sociedade, de tornar visíveis os contextos que originam referências com as quais a humanidade se organiza" (p. 54).

Portanto, a autoridade para Freire implica na ausência de autoritarismo, na libertação uma vez que o professor tem o papel de provocar o diálogo e fazer com que o aluno se torne autor de sua própria história, para que possa decifrar e transformar o mundo.

Para Freire, ensinar exige liberdade e autoridade (1997, p. 40), a autoridade não de forma autoritária, mas como um limite imposto pelo professor para o desenvolvimento de sua atividade enquanto professor no exercício de sua função. Ou seja, a liberdade de pensar, de se manifestar, de contestar deve ser desenvolvida até um certo limite, e quem impõe esse limite é o professor. "[...] A liberdade sem limite é tão negada quanto a liberdade asfixiada ou castrada". (p. 40). A questão que o autor propõe é que o professor precisa trabalhar com os limites de forma ética, assumindo com autonomia as suas decisões. A liberdade para o autor não deve ser licenciada. O que se deve buscar é a relação tensa entre liberdade e autoridade, sem deixar de possuir uma posição democrática.

Segundo Freire, um professor libertador não pode ser espontaneísta e, ao mesmo tempo, não pode ser autoritário. Ele tem que ser democrático, responsável e diretivo.

No prefácio do livro *Pedagogia da autonomia*, Edina Castro de Oliveira ressalta que a pedagogia freiriana é fundada na ética, no respeito à dignidade e à própria autonomia do educando. Ou seja, para Paulo Freire, a responsabilidade ética está presente no exercício da docência, faz parte da prática educativa formadora.

> [...] O preparo científico do professor ou da professora deve coincidir com sua retidão ética. É uma lástima qualquer descompasso entre aquela e esta. Formação científica, correção ética, respeito aos outros, coerência, capacidade de viver e de aprender com o diferente, não permitir que o nosso mal-estar pessoal ou a nossa antipatia com relação ao outro nos façam acusá-lo do que não fez são obrigações a cujo cumprimento devemos humilde, mas perseverantemente nos dedicar. (FREIRE, 2004, p. 16)

Segundo o autor, ensinar é uma especificidade e responsabilidade humana e, portanto, sua natureza deve ser ética.

> [...] Não podemos nos assumir como sujeitos da procura, da decisão, da ruptura, da opção, como sujeitos históricos,

> transformadores, a não ser assumindo-nos como sujeitos éticos. (FREIRE, 2004, p. 17)

Para que a prática pedagógica seja realizada de forma ética, é necessária a reflexão crítica, pois, segundo o autor, sem isso, a teoria vira ativismo.

Nesse sentido, o ato de ensinar não é uma transferência de conhecimento, mas a forma de criar possibilidades de produção e construção do ser humano. Pois

> [...] quem forma se forma e re-forma ao for-mar e quem é formado forma-se e forma ao ser formado... quem ensina aprende ao ensinar e quem aprende ensina ao aprender. (FREIRE, 1996, p. 12)

Freire traz a dimensão sócio-histórico-cultural como predecessora ao ensinar. Ele cita que aprender precede o ensinar. Porém, a forma de ensinar exige uma rigorosidade metódica.

> [...] Esta rigorosidade metódica não tem nada que ver com o discurso "bancário" meramente transferidor do perfil do objeto ou do conteúdo. É exatamente neste sentido que ensinar não se esgota no "tratamento" do objeto ou do conteúdo, superficialmente feito, mas se alonga à produção das condições em que aprender criticamente é possível. E essas condições implicam ou exigem a presença de educadores e de educandos criadores, instigadores, inquietos, rigorosamente curiosos, humildes e persistentes. [...] nas condições de verdadeira aprendizagem os educandos vão se transformando em reais sujeitos da construção e reconstrução do saber ensinado, ao lado do educador, igualmente sujeito do processo. (FREIRE, 2004, p. 26)

Paulo Freire traz o papel do professor como aquele que ensina a pensar certo, sendo uma condição necessária a isso não estarmos demasiado certos de nossas certezas. O professor, segundo o autor, deve estar aberto à produção de conhecimentos ainda não existentes. O que ele chama de ciclo gnosiológico:

> [...] o que se ensina e se aprende o conhecimento já existente e o que se trabalha a produção do conhecimento ainda não existente. A do-discência – docência-discência – e a pesquisa, indicotomizáveis, são assim práticas requeridas por estes momentos do ciclo gnosiológico. (FREIRE, 1996, p. 14)

> Por exemplo, se observamos o ciclo do conhecimento, podemos perceber dois momentos, e não mais do que dois, dois momentos que se relacionam dialeticamente. O primeiro momento do ciclo, ou um dos momentos do ciclo, é o momento da produção, da produção de um conhecimento novo, de algo novo. O outro momento é aquele em que o conhecimento produzido é conhecido ou percebido. Um momento é a produção de um conhecimento novo e o segundo é aquele em que você conhece o conhecimento existente. O que acontece, geralmente, é que dicotomizamos esses dois momentos, isolamos um do outro. Consequentemente, reduzimos o ato de conhecer do conhecimento existente a uma mera transferência do conhecimento existente. E o professor se torna exatamente especialista em transferir conhecimento. Então, ele perde algumas das qualidades necessárias, indispensáveis, requeridas na produção do conhecimento, qualidades são, por exemplo, a ação, a reflexão crítica, a curiosidade, o questionamento exigente, a inquietação, a incerteza – todas estas virtudes são indispensáveis ao sujeito cognoscente! (FREIRE, 1987, p. 18)

Um bom professor, sob a ótica freiriana, desperta a curiosidade do aluno e possibilita o seu desenvolvimento através do diálogo; ambos falam de igual para igual, construindo desta maneira o conhecimento coletivo e formando-se mutuamente, aprendendo um com o outro, de forma democrática e ética.

> Sou tão melhor professor, então, quanto mais eficazmente consiga provocar o educando no sentido de que prepare ou refine sua curiosidade, que deve trabalhar com minha ajuda, com vistas a que produza sua inteligência do objeto ou do conteúdo de que falo. Na verdade, meu papel como professor, ao ensinar o conteúdo a ou b, não é apenas o de me esforçar para, com clareza máxima, descrever a substantividade do conteúdo para que o aluno o fixe. Meu papel fundamental, ao falar com clareza sobre o objeto, é incitar o aluno a fim de que ele, com os materiais que ofereço, produza a compreensão do objeto em lugar de recebê-la, na íntegra, de mim. Ele precisa de se apropriar da inteligência do conteúdo para que a verdadeira relação de comunicação entre mim, como professor, e ele, como aluno se estabeleça [...]. (FREIRE, 1997, p. 45)

Assim, a pesquisa para o autor é necessária para que haja o ensino, um não existindo sem o outro, é o que ele chama de "curiosidade epistemológica". Esta se distancia da curiosidade ingênua do senso comum, embora deva haver um respeito a este tipo de conhecimento, e, além disso, esse conhecimento deve ser aproveitado, pois trata-se das experiências de vida dos educandos. O pensar certo, para Freire, supera o conhecimento de senso comum estimulando a capacidade criadora e a consciência do educando. E para que isso ocorra é fundamental a atuação do professor como mediador do conhecimento.

A curiosidade para Freire deve ser criticizada e o professor "rigorizando-se", nas palavras do autor, deve se aproximar do objeto cognoscível de forma epistemológica despertando a curiosidade dos educandos. "[...] Não haveria criatividade sem a curiosidade que nos move e que nos põe pacientemente impacientes diante do mundo que não fizemos, acrescentando a ele algo que fazemos" (FREIRE, 1996, p. 15). Para o autor, a fala deve ser tomada como um desafio a ser desvendado e não apenas como um canal de transferência de conhecimento (FREIRE, 1987, p. 54).

> Como manifestação presente à experiência vital, a curiosidade humana vem sendo histórica e socialmente construída e reconstruída. Precisamente porque a promoção da ingenuidade para a criticidade não se dá automaticamente, uma das tarefas precípuas da prática educativo-progressista é exatamente o desenvolvimento da curiosidade crítica, insatisfeita, indócil... (FREIRE, 1996, p. 15)

Na prática pedagógica, o pensar certo necessita de uma reflexão crítica sobre esta, sendo um movimento dinâmico, dialético, entre o fazer e o pensar sobre o fazer.

Nesse processo, segundo o autor, aluno e professor aprendem em comunhão, superando o conhecimento ingênuo através de uma rigorosidade metódica, proveniente de uma curiosidade epistemológica do sujeito. Através da reflexão sobre a prática a curiosidade ingênua se transforma em crítica.

> [...] quanto mais me assumo como estou sendo e percebo a ou as razões de ser de porque estou sendo assim, mais me torno capaz de mudar, de promover-me, no caso, do estado de curiosidade ingênua para o de curiosidade epistemológica. (FREIRE, 1996, p. 18)

Para Freire, ensinar exige respeito aos saberes dos educandos na prática pedagógica cotidiana, os educandos poderiam utilizar suas vivências em sala de aula, e o docente buscar trabalhar a partir do contexto de vida dos alunos, relacionando a realidade concreta dos alunos com os conteúdos curriculares criando certa intimidade entre os saberes curriculares e as experiências dos indivíduos, e para tanto exige também o reconhecimento e a assunção da identidade cultural.

> [...] Uma das tarefas mais importantes da prática educativo-crítica é propiciar as condições em que os educandos em suas relações uns com os outros e todos com o professor ou a professora ensaiam a experiência profunda de assumir-se. Assumir-se como ser social e histórico, como ser pensante,

> comunicante, transformador, criador, realizador de sonhos, capaz de ter raiva porque capaz de amar. (FREIRE, 1996, p. 19)

Os gestos e atitudes dos professores podem ter intensa representatividade na vida de um aluno, isso ocorreu com o próprio Paulo Freire quando disse que: "O gesto do professor valeu mais do que a própria nota dez que atribuiu a minha redação" (FREIRE, 1996, p. 19).

> O gesto do professor me trazia uma confiança ainda obviamente desconfiada de que era possível trabalhar e produzir. De que era possível confiar em mim mas que seria tão errado confiar além dos limites quanto errado estava sendo não confiar. A melhor prova da importância daquele gesto é que dele falo agora como se tivesse sido testemunhado hoje. E faz, na verdade, muito tempo que ele ocorreu... (FREIRE, 1996, p. 19)

Esta citação nos reafirma a importância que há na forma como o docente se reporta aos discentes, e como esta pode desencadear um sentimento positivo ou negativo quanto ao professor, ao conteúdo curricular ou mesmo à autoimagem do educando enquanto aluno e indivíduo.

Na obra *Professora sim, tia não*, Freire (1997) destaca que a tarefa do professor/aprendiz deve ser prazerosa e exigente. Exigente de seriedade, de preparo científico, físico, emocional e afetivo. Ela exige o querer bem dos educandos e ao processo de ensino-aprendizagem.

> [...] É impossível ensinar sem essa coragem de querer bem, sem a valentia dos que insistem mil vezes antes de uma desistência. É impossível ensinar sem a capacidade forjada, inventada, bem cuidada de amar. (FREIRE, 1997, p. 8)

> É preciso ousar, no sentido pleno desta palavra, para falar em amor sem temer ser chamado de piegas, de meloso, de acientífico, senão de anticientífico. É preciso ousar para dizer, cientificamente e não bla-bla-blamente, que estudamos,

> aprendemos, ensinamos, conhecemos com o nosso corpo inteiro. Com os sentimentos, com as emoções, com os desejos, com os medos, com as dúvidas, com a paixão e também com a razão crítica. Jamais apenas com esta. É preciso ousar para jamais dicotomizar o cognitivo do emocional. É preciso ousar para ficar ou permanecer ensinando por longo tempo nas condições que conhecemos, mal pagos, desrespeitados e resistindo ao risco de cair vencidos pelo cinismo. É preciso ousar, aprender a ousar para dizer não à burocratização da mente a que nos expomos diariamente. É preciso ousar para continuar quando às vezes se pode deixar de fazê-la, com vantagens materiais. (FREIRE, 1997, p. 9)

Paulo Freire, ao tratar da curiosidade do leitor frente a um texto, faz referência à curiosidade epistemológica que deve levar o leitor a desnudar verdades, mistérios e inseguranças, e nessa questão o autor diz novamente sobre a importância de não negligenciarmos os nossos sentimentos e emoções.

> [...] O medo, por exemplo, de nossos sentimentos, de nossas emoções, de nossos desejos, o medo de que ponham a perder nossa cientificidade. O que eu sei, sei com meu corpo inteiro: com minha mente crítica, mas também com meus sentimentos, com minhas intuições, com minhas emoções. O que eu não posso é parar satisfeito ao nível dos sentimentos, das emoções, das intuições. Devo submeter os objetos de minhas intuições a um tratamento sério, rigoroso, mas nunca desprezá-los. (FREIRE, 1997, p. 29)

Podemos, portanto, observar na obra freiriana que os sentimentos fazem parte da prática pedagógica, porém não devem fugir do crivo da razão e da rigorosidade metódica, principalmente quando lidamos com adolescentes, afirma o autor:

> A prática educativa, pelo contrário, é algo muito sério. Lidamos com gente, com crianças, adolescentes ou

> adultos. Participamos de sua formação. Ajudamo-los ou os prejudicamos nesta busca. (FREIRE, 1997, p. 32)

A consciência do inacabamento é outro ponto central na teoria freiriana, como o próprio autor diz: "Onde há vida há inacabamento". (FREIRE, 1996, p. 22). Para o autor, o ser humano deve ser sujeito na história e deve lutar politicamente pela transformação social. Um dos pontos da teoria freiriana que também merece destaque é a alegria de viver que para Freire significa se dar plenamente à vida,

> É vivendo, mas não importa se com deslizes, com incoerências, mas disposto a superá-los, a humildade, a amorosidade, a coragem, a tolerância, a competência, a capacidade de decidir, a segurança, a eticidade, a justiça, a tensão entre paciência e impaciência, a parcimônia verbal, que contribuo para criar, para forjar a escola feliz, a escola alegre. (FREIRE, 1997, p. 42)

Para Freire, a alegria e a esperança devem fazer parte do cotidiano pedagógico. Pois estas, segundo ele, permitem que professor e alunos possam juntos aprender, ensinar, se inquietaram, produzirem juntos e resistirem aos obstáculos. A esperança para Freire é um ímpeto natural necessário e indispensável à experiência histórica. Caso contrário, para ele tudo seria já predeterminado e dessa forma nunca seria possível a transformação social. [...] "A luta por um futuro assim "a priori" conhecido prescinde da esperança" (FREIRE, 1997, p. 29).

> Não é, porém, a esperança um cruzar de braços e esperar. Movo-me na esperança enquanto luto e, se luto com esperança, espero. Se o diálogo é o encontro dos homens para Ser Mais, não pode fazer-se na desesperança. Se os sujeitos do diálogo nada esperam do seu quefazer já, não pode haver diálogo. O seu encontro é vazio e estéril. É burocrático e fastidioso. (FREIRE, 1987, p. 47)

Para Freire,

> a transformação social é possível porque a consciência não é um espelho da realidade, mas reflexiva e refletora desta, então podemos aprender como nos libertar da ideologia dominante através da luta política na sociedade. (FREIRE, 1987, p. 25)

Vimos, assim, que a teoria de Freire rompe com a dicotomia cognição/afetividade e que, para ele, não há aprendizagem caso o docente não perceba o aprendiz na sua totalidade. A criança pequena busca, na figura da professora, segurança e compreensão, para que ela possa confiar em si mesma de forma autônoma.

Considerações finais

Diante do apresentado, vê-se a importância da afetividade em todos os níveis de ensino, principalmente para a educação de crianças até 10 anos, já que estas necessitam da atenção do professor para se sentirem seguros, autônomos e confiantes. A maneira segundo a qual o docente atua com as crianças pode trazer resultados positivos e/ou negativos e isso poderá influenciar todo o processo de desenvolvimento cognitivo da criança e, consequentemente, seu interesse ou não, pela escola. Portanto, a proposta de Paulo Freire é a de uma educação libertadora que, segundo ele,

> A educação libertadora é, fundamentalmente, uma situação na qual tanto os professores como os alunos devem ser os que aprendem; devem ser os sujeitos cognitivos, apesar de serem diferentes. Este é, para mim, o primeiro teste da educação libertadora: que tanto os professores como os alunos sejam agentes críticos do ato de conhecer. (FREIRE, 1987, p. 46)

Vê-se, portanto, que Paulo Freire prioriza uma educação horizontalizada na qual os alunos têm voz, pois, é na relação com seus pares permeada da amorosidade que a aprendizagem ocorre. Diante disso, entendemos que o papel do professor seria o de escutar as crianças a fim de que possam entender suas necessidades e suas realidades, dar voz a elas para que expressem suas ideias e entendimentos sobre determinado conteúdo e, acima de tudo, promover o debate para que as crianças, desde a mais tenra idade, superem a consciência ingênua sobre a realidade e pensem criticamente, pois somente dessa forma poderemos vislumbrar uma sociedade mais justa e igualitária.

Referências

ARANTES, Valéria Amorim (Org.). *Afetividade na escola.* São Paulo: Summus, 2003.

BERCHT, M. *Em direção a agentes pedagógicos com dimensões afetivas.* Instituto de Informática. Tese de Doutorado. Universidade Federal do Rio Grande do Sul (UFRGS), 2001.

CERIZARA, Ana Beatriz. *Rousseau:* a educação na infância. São Paulo: Scipione, 2001.

CHAUÍ, Marilena. *Convite à filosofia.* São Paulo: Ática, 2003.

FREIRE, P. *Pedagogia da autonomia*: saberes necessários à prática educativa. São Paulo: Paz e Terra, 2004.

______. *Professora sim, tia não:* cartas a quem ousa ensinar. São Paulo: Olho d'Água, 2003.

______. *Professora sim, tia não:* cartas a quem ousa ensinar. São Paulo: Olho d'Água, 1997.

______. *Pedagogia da autonomia:* saberes necessários à prática educativa. São Paulo: Paz e Terra, 1996.

______. *Pedagogia do oprimido.* Rio de Janeiro: Paz e Terra, 1987.

HARWOOD, Jeremy. *Um guia com as ideias de 100 grandes pensadores.* São Paulo: Planeta, 2013.

LEITE, Sérgio Antônio da Silva (Org.). *Afetividade e práticas pedagógicas.* São Paulo: Casa do Psicólogo, 2011.

LEITE, Sérgio Antônio da Silva; TASSONI, Elvira Cristina Martins. A afetividade em sala de aula: as condições do ensino e a mediação do professor. In: AZZI, Roberta G.; SADALLA, Ana Maria F. A. *Psicologia e formação docente:* desafios e conversas. São Paulo: Casa do Psicólogo, 2002.

LONGUI, Magalí Teresinha; REATEGUI, Eliseo Berni; BERCHT, Magda; BEHAR, Patricia Alejandra. *Um estudo sobre os fenômenos afetivos e cognitivos em interfaces para softwares educativos.* Programa de Pós-Graduação em Informática na Educação. Universidade Federal do Rio Grande do Sul. Porto Alegre. Disponível em: http://www.cinted.ufrgs.br/ciclo9/artigos/9bMagali.pdf. Acesso em: 28 mar. 2015.

NASCIMENTO, Lizandra Andrade; AZEVEDO, Gilmar; GHIGGI, Gomercindo. *O conceito de amorosidade em Freire e a recuperação do sentido de educar.* Disponível em <http://coloquio.paulofreire.org.br/participacao/index.php/coloquio/viii-coloquio/paper/download/46/308 >. Acesso em: 16 maio 2015.

PADOVANI, Umberto; CASTAGNOLA, Luís. *História da filosofia.* São Paulo: Melhoramentos, 1990.

OLIVEIRA, Marta Kohl. REGO, T. C. Vygotsky e as complexas relações entre cognição e afeto. In: ARANTES, Valéria Amorim (Org.). *Afetividade na escola.* São Paulo: Summus, 2003.

REDIN, Danilo R. Streck; ZITKOSKI, Jaime José (Org.). *Dicionário Paulo Freire.* Belo Horizonte: Autêntica, 2010.

Os espaços da creche como elementos educativos

Djanira Alves Biserra Araujo[1]
Ligia de Carvalho Abões Vercelli[2]

Introdução

O presente capítulo é um excerto de minha pesquisa de mestrado que vem sendo desenvolvida no Programa de Mestrado em Gestão e Práticas Educacionais (Progepe) da Universidade Nove de Julho (Uninove).

A inquietação para realizar esse estudo surgiu a partir de observações da minha prática profissional. Como assistente pedagógica de uma creche localizada no município de Santo André que atende crianças de até 3 anos, percebo o quanto ainda é necessário reafirmar aos professores a importância da organização dos espaços lúdicos para crianças dessa faixa etária e o quanto a mediação dos profissionais é importante nesse momento. Frequentemente discutimos como utilizar os diferentes espaços da escola, e como mediar as brincadeiras, pois, na prática, tal organização e mediação ainda não acontecem.

Assim, em reuniões pedagógicas, utilizando diversos textos de diferentes teóricos, refletimos e dialogamos como viabilizar e revitalizar os espaços, para que as crianças possam se apropriar, explorando mais e melhor as possibilidades que eles oferecem.

A criança pequena elabora, por meio da brincadeira, situações reais fazendo uso das várias situações que o espaço organizado

1. Mestranda do Programa de Mestrado em Gestão e Práticas educacionais da Universidade Nove de Julho (Progepe/Uninove). Graduada em Pedagogia com especialização em Psicopedagogia Institucional, Mediações Tecnológicas em Ambientes Educacionais e Supervisão escolar. Atualmente exercendo a função de assistente pedagógica em uma das creches da rede municipal de ensino de Santo André. E-mail: dab_araujo@hotmail.com.

2. Doutora e mestre em educação pelo Programa de Pós-Graduação em Educação da Universidade Nove de Julho (Uninove). Graduada em Psicologia e em Pedagogia com especialização em Psicopedagogia. Docente do curso de Pedagogia e do Programa de Mestrado em Gestão e Práticas Educacionais (Progepe) da mesma universidade. Pesquisadora do Conselho Nacional de Desenvolvimento Científico e Tecnológico (CNPq). E-mail: vercelli.ligia@gmail.com.

pode oferecer. Assim, o professor como elemento mediador, terá oportunidade de observar as ações dos pequeninos, para que possa propiciar mais possibilidades de desafios e possíveis conquistas.

Diante do exposto, esse texto tem como objetivo analisar a mediação do professor nos espaços lúdicos da creche, apontando a importância da brincadeira para o desenvolvimento infantil. Para tal, dividimos o capítulo em duas partes: na primeira fazemos a distinção entre espaço e ambiente; na segunda, como deve ser a organização, os cuidados e a mediação do professor nos espaços de brincar das crianças e, na terceira, abordamos a importância do lúdico no desenvolvimento infantil.

Definindo espaço e ambiente

É importante nesta discussão considerar a diferença entre "espaço e ambiente". Segundo Forneiro (1988), os espaços são locais nos quais se encontram diferentes objetos, materiais didáticos, mobiliário e a decoração, portanto são locais de aprendizagem e desenvolvimento. O ambiente, que se origina do latim significa "ao que cerca ou envolve" corresponde ao conjunto do espaço físico e das relações que nele acontecem. Nesse sentido, para a autora o ambiente é:

> [...] um todo indissociável de objetos, odores, formas, cores, sons e pessoas que habitam e se relacionam dentro de uma estrutura física determinada que contém tudo e que, ao mesmo tempo, é contida por todos esses elementos que pulsam dentro dele como se tivessem vida. [...] o ambiente "fala", transmite sensações, evoca recordações, passa-nos segurança ou inquietação, mas nunca nos deixa indiferentes. (FORNEIRO, 1998, p. 233)

Para ela, pensar espaço é, portanto, compreender as questões físico-materiais, como os elementos de cor, texturas, piso, altura de janelas, altura de maçanetas das portas, os móveis, a louça do banheiro (torneira, cuba, vaso sanitário, porta toalhas, entre outros), a dimensão métrica das salas, corredores, refeitórios, banheiros, hall de entrada: a interligação entre espaços; o desenho arquitetônico e suas formas, enquanto que pensar ambiente é considerar as interações: criança/criança, criança/adulto, criança/espaço, criança/tempo de permanência na instituição de Educação Infantil, criança/relação com os elementos do espaço. Ainda, segundo a autora, as questões que envolvem o espaço, tem influência sobre o ambiente e este, por sua vez, incide sobre o espaço.

Neste sentido, vale ressaltar, que Forneiro (1998), considera fundamental a compreensão dos professores, das especificidades de cada uma das denominações/categorias, bem como sua importância para a prática pedagógica. Para tanto, a construção de uma concepção de "espaço pedagógico" pelo professor e a diferenciação entre as denominações são fundamentais no âmbito do trabalho educativo. A autora afirma que o ambiente "fala", e é através dele que as sensações, inquietações e outros sentimentos afloram no indivíduo, afirma ainda, ser impossível que se tenha o ambiente como possibilidade de nos fazer indiferentes. Ainda que nem sempre seja de maneira positiva, o ambiente de certa forma influenciará nas ações humanas.

Zabalza (1998) salienta que as crianças necessitam de espaços amplos, bem diferenciados, de fácil acesso e especializados, nos quais elas possam se movimentar, interagir, viver e conviver. Para o autor, os espaços oferecerem diferentes oportunidades de interação e de aprendizagem, envolvendo grupos de crianças e adultos e, assim, os objetos dispostos têm de ser o foco da atenção.

> O espaço acaba tornando-se uma condição básica para poder levar adiante muitos dos outros aspectos-chave. As aulas convencionais com espaços indiferenciados são cenários empobrecidos e tornam impossível (ou dificultam seriamente) uma dinâmica de trabalho baseada na autonomia e na atenção individual de cada criança. (ZABALZA, 1998, p. 50)

Para caracterizar o ambiente, Forneiro (1998) apresenta quatro dimensões inter-relacionadas: a dimensão física, a funcional, a temporal e a relacional. A dimensão física, refere-se ao espaço físico e sua estrutura, nele inseridos os objetos e sua organização. Engloba a arquitetura, a decoração, a forma como são colocados os materiais, o pátio, o parque, ou seja, os arranjos espaciais e físicos necessário à escola de Educação Infantil.

A dimensão funcional, refere-se à forma de utilização dos espaços e para quais atividades se destinam. A autora ressalta que os espaços multifuncionais podem ser utilizados de forma autônoma pela criança, mas com a orientação do professor, podendo um mesmo espaço assumir diferentes funções.

A dimensão temporal refere-se à organização do tempo, isto é, o tempo utilizado na realização das diferentes atividades está ligado ao espaço em que cada uma delas acontece. Tal dimensão, segundo a autora, está relacionada à organização da rotina de uma escola de Educação Infantil.

A dimensão relacional se refere às diferentes relações que se estabelecem na escola. A autora ressalta que as relações são influenciadas pelos diferentes arranjos que os profissionais estabelecem, tais como: a distribuição das crianças por faixa etária; as regras estabelecidas entre criança e professores e entre crianças e crianças; a divisão do trabalho; a mediação do professor no decorrer das atividades propostas. Todas essas questões e muitas outras configuram uma determinada dimensão relacional do ambiente (FORNEIRO, 1998). Para ela, o ambiente, nessa perspectiva, é visto como movimento, e não como algo estático, é um ambiente vivo, que existe somente quando todos que nele se encontram interagem entre si. Assim, Faria (1998, p. 95) citando a arquiteta Mayumi Souza Lima (1989, p. 30) ressalta que:

> [...] o espaço físico isolado do ambiente só existe na cabeça dos adultos para medi-lo, para vendê-lo, para guardá-lo. Para a criança existe o espaço-alegria, o espaço-medo, o espaço--proteção, o espaço-mistério, o espaço-descoberta, enfim, os espaços de liberdade ou da opressão.

O espaço físico de uma escola de Educação Infantil não se resume em sua metragem. Independente do tamanho precisa tornar-se um ambiente, ou seja, receber adultos e crianças de idades misturadas sempre oferecendo atividades programadas individuais ou coletivas que possibilite a emersão das múltiplas dimensões humanas, as diferentes formas de expressão, o imprevisto e os saberes espontâneos das crianças (FARIA, 1998).

Diante do exposto, vê-se o quanto é fundamental estruturar e organizar os espaços da escola de Educação Infantil para que as crianças possam interagir de forma que se desenvolvam plenamente e na interação com seus pares e sob a mediação do professor.

Organização, cuidados e a mediação do professor nos espaços de brincar das crianças pequenas

A partir de 1999, a Lei de Diretrizes e Bases da Educação Nacional (LDBEN – Lei nº 9.394/96) transferiu para os municípios a responsabilidade de autorizar o funcionamento das escolas de Educação Infantil, neste sentido, cada cidade criou sua própria deliberação no intuito de organizá-las enquanto espaço físico, burocrático e pedagógico. Para tanto, as cidades, apropriaram-se de vários documentos que as pautaram para tal cumprimento. Dentre tantos, a própria LDB, o Referencial Curricular Nacional para a Educação Infantil (RCNEI) e documentos do Ministério da Educação (MEC) como veremos a seguir.

O MEC, por meio da Secretaria de Educação Básica, elaborou um documento técnico denominado "Manual de Orientação Pedagógica" com o intuito de orientar a organização dos espaços de Educação Infantil, para a construção de uma educação de qualidade, tendo como objetivo a perspectiva de esclarecer que o brinquedo e a brincadeira são constituídos da infância, visando atender ao estabelecido pela Emenda Constitucional nº 59, (em especial ao que tange o Art. 208. I. Educação Básica obrigatória e gratuita dos 4 (quatro) aos 17 (dezessete) anos de idade, assegurada inclusive sua oferta gratuita para todos os que a ela não tiveram acesso na idade própria).

Para tanto, o manual defende que se entende como necessário preparar espaços pedagógicos para que as crianças possam se desenvolver em sua totalidade, ou seja, nos aspectos físicos, sociais e intelectuais. Estes espaços devem prever os vários momentos e movimentos da escola, como entrada e acolhimento (um espaço que a convide a participar das brincadeiras imaginárias junto a seu pai, sua mãe e irmãos, por exemplo) sala de atividades (para o desenvolvimento das diferentes linguagens expressivas, com poucos móveis, grande tapete etc.), sugestões de materiais (cola, tinta, papel, tesoura, sucatas, tecidos, plásticos, argila etc.), espaços de banho, troca e sono, parque (área extensa com gramado, árvores e areia) e brinquedos (exploratórios e de movimento) para os espaços externos.

Sendo assim, vale ressaltar que é de extrema importância, que as creches e ou pré-escolas, devam ser organizadas seguindo padrões que propiciem a exploração dos pequeninos em vários aspectos. Os ambientes para os bebês devem ser constituídos de espaços amplos, tendo, inclusive, sala de banho, de sono, alimentação (lactário) e, em especial, solário. Os espaços de exploração sensorial e motora devem garantir segurança e conforto, onde as crianças possam se aventurar a fim de vencerem os desafios propostos.

Para as crianças maiores, os espaços vão se ampliando no sentido de novos desafios e possibilidades de conquistas, devem propiciar experiências interativas, nas quais as crianças possam trocar afetos para o desenvolvimento social, além de manipularem objetos, construírem brinquedos, brincarem com jogos de encaixe, e usarem as várias expressões de linguagens corporais, motoras, orais e gráficas. A área de jogos de imitação, momento livre de brincadeira, deve ser um canto reservado, também utilizado para atividades especificas, sem esquecer de que o espaço externo e interno necessitam de adaptações constantes.

Tais orientações se fazem necessárias levando-se em consideração que a constituição e organização do espaço na infância, enquanto lúdico-pedagógico, é importante para o desenvolvimento das crianças, em seus aspectos afetivo, cognitivo e psicológico. Neste sentido, além da preocupação com a organização dos espaços, é importante ressaltar as contribuições de Vygotsky (1984) que defende em seus escritos a interação e a imitação a partir do meio social como fator preponderante para o desenvolvimento, em especial das crianças, que compreendem o mundo por meio das relações que estabelece com outras crianças e adultos, principalmente com as brincadeiras de faz de conta. É no faz de conta que a criança experimenta e vivência situações diferenciadas que a ajudarão a criar zonas de desenvolvimento proximal para a realização de novas atividades e elaborar as situações vividas no cotidiano.

A organização do espaço propicia o desenvolvimento quando possibilita desafios e promove atividades de interação e mediação com outras crianças. É a partir das brincadeiras que a criança fantasia, cria, imagina e inventa. Barbosa e Horn (2008) compreendem todos os espaços da Educação Infantil como "educadores" e promotores de aprendizagem para o desenvolvimento das múltiplas linguagens infantis. Ambos citam que o brincar possibilita à criança aprender a aprender. Assim, os espaços das crianças devem ser organizados com atividades variadas que possibilitem a exploração a partir de seu interesse, curiosidade e necessidade, daí a importância da disposição para inventar e reinventar constantemente os espaços, com e para a criança.

Compreendendo o valor da brincadeira na infância, deve-se preparar os espaços como casinha de bonecas, para oportunizar à criança situações em que possa imitar histórias vivenciadas com familiares e pessoas mais próximas, ao mesmo tempo que propicia ao professor conhecer um pouco mais da vida das crianças, a fim de que possa intervir de maneira adequada para atender as suas necessidades como contribuição para o seu amplo desenvolvimento.

Além dos cantos de brincar, outros espaços são de igual relevância. Quando se prepara um espaço com livros, tintas, giz de cera, lápis colorido, massinha de modelar, papéis e outros, a criança pinta, rabisca, cola, brinca, experimenta, tendo também, a oportunidade de se desenvolver socialmente, afetivamente e cognitivamente. Para a criança, brincar pode ser de casinha, de escolinha, ou, ainda, com os vários objetos a que possa ter acesso. Quando desenha brinca, quando pinta brinca, quando "nana" uma boneca brinca e assim sucessivamente. Para tanto, os espaços, devem ser organizados com várias possibilidades, além de materiais e objetos disponíveis. Neste sentido, Zabalza (1998), cita a importância do espaço lúdico como elemento importante para o desenvolvimento da criança,

> O espaço na educação deve ser constituído como uma estrutura de oportunidades e uma condição externa que favorecerá ou dificultará o processo de crescimento pessoal e o desenvolvimento das atividades instrutivas. Será estimulante ou, pelo contrário, limitante, em função do nível de congruência em relação aos objetivos e dinâmica geral das atividades que forem colocadas em prática ou em relação aos métodos educacionais, que caracterizam o estilo de trabalho. (ZABALZA, 1998, p. 236)

É a partir do meio que a criança cria suas fantasias, brincando com o faz de conta e imitando as pessoas de seu convívio e que representam a sociedade. O brincar personifica a criança, cria possibilidades vivenciando seus sabores e dissabores. Muitas vezes, estas situações acabam por revelar ao professor vivências das crianças que de outra maneira não seriam explicitadas. Por vezes, situações que comprometem o desenvolvimento social e afetivo da criança.

Quando a criança compartilha, é porque tem algo em comum com o outro. É nestes espaços e momentos que as crianças se identificam e escolhem seus pares. Assim como os adultos, vão desenvolvendo a parceria, a empatia, a compatibilidade e, por vezes, até as incompatibilidades. São nestes momentos especiais que as crianças constroem e dividem seus anseios e desejos, com seus pares e com as pessoas que estejam casualmente dividindo o mesmo espaço (OLIVEIRA, 2012).

A mesma autora, alerta ainda, que quando as crianças brincam juntas, elas compartilham ideias, assim, criam sinais que estabelecem os passos das brincadeiras. Com estas brincadeiras, os pequenos vão se desenvolvendo em sua totalidade. É assim que as crianças colocam em suas ações sentido à própria vida. Assim se inserem no espaço e no tempo do qual fazem parte.

Silva (2015) salienta que há nas brincadeiras, características fundamentais para o desenvolvimento das crianças. O canto das fantasias, por exemplo, são ricos em possibilitar a "fantasia/ imaginação" a partir de uma roupa que se veste, a criança pode ser super-herói, cozinheiro, médico, mecânico, animal, papai, mamãe e até outras personagens que talvez no universo dos adultos não se imagine. O que importa, é que nestes espaços de brincadeiras, a criança explore tudo o que sua imaginação permita, e assim, a cada brincadeira, terá oportunidade de viver uma nova aventura que o transporá a outros universos.

A autora alerta, ainda, para a necessidade de se entender o universo infantil respeitando seus momentos de brincar. Ainda que nos espaços educacionais exista a necessidade de se estabelecerem regras e rotinas, o adulto deve se policiar para que não tire das crianças o direito que lhe é peculiar. O direito de ser criança e viver a infância como uma única possibilidade. Afinal, infância só se tem uma vez.

E ao professor cabe respeitar os momentos de brincadeiras das crianças, atendo-se a observar, acompanhar e a preparar momentos e espaços para o brincar, oferecendo-lhes brinquedos e brincadeiras que possibilitem as investidas das crianças, a fim de que possam criar, imaginar, imitar e fantasiar. É assim que os pequeninos se descobrem e se redescobrem a cada dia.

Portanto, faz-se necessário refletir para compreender o papel do professor na mediação das brincadeiras das crianças nos vários espaços organizados pedagogicamente para o desenvolvimento das crianças. Neste sentido, os referenciais curriculares apontam sua relevância quando cita que se podem reservar momentos para que a professora atenda a pequenos grupos e converse com cada criança durante as brincadeiras, afirmando que essa mediação amplia a qualidade do brincar nos espaços externos.

O professor passa a ser o mediador das brincadeiras do espaço externo estimulando e orientando as crianças em suas descobertas. Quando o professor interage com a criança, estabelece uma relação de proximidade, colocando-se frente a ela em pé de igualdade, se atendo à forma com que se reporta à criança, em especial quando precisa orientá-la ou até adverti-la sobre algum risco que esteja correndo, por exemplo. Jamais deve falar com a criança olhando-a de cima para baixo, neste sentido a distância e o medo podem gerar situações de afastamento e esfriamento nas relações. A criança deve ser vista como um sujeito de direitos e de vontades. Silva (2015, p. 30 apud PEREIRA, 2008, p. 122), cita em sua obra que:

> A professora é importante para ensinar, propor, incentivar, auxiliar nas brincadeiras, mas também é importante para ajudar as crianças a se relacionarem umas com as outras. Não se trata apenas de ensinar a brincar com esse ou aquele brinquedo, mas sim de ensinar a brincar com outras crianças, de aprender a se relacionar com outras pessoas.

Neste sentido, Tardif (2002) define os professores como pessoas que possuem saberes sociais e saberes pedagógicos, portanto saberes docentes, profissionais de extrema relevância para contribuir com o desenvolvimento dos pequeninos.

Diante do exposto, vimos a importância de a escola de Educação Infantil organizar espaços para que as crianças brinquem e o quanto o papel do professor é fundamental nesse processo. Os espaços do brincar quando bem preparados possibilitam que a criança use a imaginação e tenha liberdade em suas ações como veremos a seguir.

O lúdico na Educação Infantil: um mundo de imaginação e liberdade de ação

O termo lúdico origina-se do latim *ludos* que remete para jogos e brincadeiras. É compreendido, como uma atividade de entretenimento que dá prazer e diverte as pessoas, sendo uma atividade relacionada com jogos e ato de brincar e igualmente importante na aprendizagem, em especial das crianças, que poderão aprender se divertindo. Sendo assim, pode-se dizer que, a partir da ludicidade, a criança potencializará a criatividade, o que contribuirá para seu desenvolvimento intelectual (Fonte: www.significados.com.br).

Silva (2006; 2012) ressalta que há bem pouco tempo, a imaginação infantil no espaço escolar não era muito pesquisada, a escola não valorizava a criatividade e a história de vida das crianças. As crianças eram vistas como adultos em miniaturas e tinham apenas o papel de atender a necessidade do adulto. Era vista como um "bibelô" ou como alguém que servisse apenas para distrair e alegrar o ambiente dos adultos.

Neste sentido, seu universo era distante da preocupação e interesse dos adultos, assim, a imaginação, o mundo da fantasia e do faz de conta não eram reconhecidos e valorizados entre os adultos.

A autora salienta que somente a partir dos séculos XVI e XVII, com o desenvolvimento do conhecimento científico que acompanhou a expansão do comércio, a educação das crianças pequenas passa a merecer atenção, ainda que bastante elementar.

Ainda, segundo Silva (2015), é através do brincar que a criança vivencia situações inexistentes, é neste momento, que a criança tem a oportunidade de se transportar, viver papéis e personagens em lugares imaginários e por vezes distantes do mundo real e social a qual está inserida.

Atualmente com a implementação de políticas públicas para a Educação Básica no Brasil, passou-se a refletir de maneira mais intensa a importância e o papel da Educação Infantil, como fundamental para o desenvolvimento da criança (BRASIL, 1997; BRASIL, 1998; BRASIL, 2010).

Outras conquistas foram sendo alcançadas, dentre elas a obrigatoriedade a partir dos quatro anos apontadas no portal do Ministério da Educação (MEC), inclusive como responsabilidade dos pais no que se refere à matrícula, acesso e permanência, conforme Lei nº 12.796/2013 de 04/04/2013 – Diário Oficial da União, apontada a seguir.

> As crianças brasileiras devem ser matriculadas na educação básica a partir dos quatro anos de idade. Para atender essa obrigatoriedade – a matrícula cabe aos pais e responsáveis –, as redes municipais e estaduais de ensino têm até 2016 para se adequar e acolher alunos de 4 a 17 anos [...] A lei n. 12.796/2013 também estabelece que a Educação Infantil [...] contempla crianças de 4 e 5 anos na pré-escola [...]. (BRASIL, 2013)

Segundo Kramer, (2005), a partir de 1990, a concepção sobre infância que passou a orientar as propostas educacionais, tem como embasamento o cuidar, o educar e o brincar. Assim, o brincar passa a ser visto como uma possibilidade de desenvolvimento das crianças, na perspectiva de que possibilita o desenvolvimento para o entendimento do mundo real. É brincando que a criança se insere no espaço e no tempo, além de se constituir enquanto ser humano.

Para Vygotsky, a imaginação é, sobretudo, a capacidade de criarmos elementos novos no real. É no ato de criar que acontece, de maneira gradual, a cada ação, uma nova possibilidade. Assim, as crianças vão ampliando o conhecimento e habilidade de criar e imaginar. A imaginação e a reelaboração da criança vêm do que carrega de sua vivência.

Para Vygotsky (1998), a imaginação não é só fazer ressurgir resquícios de experiências já vividas. É, sobretudo, a capacidade de criarmos elementos novos no real. Ainda, segundo ele, o principal fator psicológico do desenvolvimento da função imaginativa baseia-se na necessidade que experimentamos de adaptação ao meio que nos cerca. Para tanto, explica que o meio deve ser desafiador a ponto de fazer surgir uma ação criadora, que surge de maneira gradual.

Neste sentido, o autor explica que as formas em que pensamos são compostas por elementos retirados da realidade concreta, das nossas experiências anteriores. Assim, reconstruímos a partir do que vemos no mundo real e do que imaginamos. É o aspecto emocional, outra forma de vinculação entre a função imaginativa e a realidade. Alerta que pensamento e emoção estão intimamente ligados.

Outra forma de relação entre o real e a fantasia, conforme o autor, é o princípio da originalidade. Este princípio é constituído a partir do novo, de algo nunca vivenciado ou experimentando. A criança constrói através da imaginação, da fantasia, da emoção e da originalidade, portanto, a organização dos espaços deve acontecer de maneira atrativa e diversificada para que a criança se sinta instigada a experimentar as várias possibilidades que um espaço infantil enquanto lúdico pedagógico pode oferecer.

Para fluir a criatividade e a imaginação, assim como trata o subtítulo anterior, é, também, a organização do espaço lúdico pedagógico um instrumento estratégico e extremamente importante para que a criança possa brincar imaginando através do faz de conta. Vygotsky (1998) define que se o ambiente não oferecesse nenhum obstáculo ao desenvolvimento natural, não haveria base alguma para o surgimento de uma ação criadora. Para tanto, afirma:

> [...] o brinquedo cria na criança uma nova forma de desejos a um "eu" fictício, ao seu papel no jogo e suas regras. Dessa maneira, as maiores aquisições de uma criança são conseguidas no brinquedo, aquisições que no futuro tornar-se-ão seu nível básico de ação real e moralidade. (VYGOTSKY, 1998, p. 131)

Silva (2015), citando Leontiev, explica que os processos imaginativos das crianças estão presentes desde muito cedo. Descreve que por meio das brincadeiras, desenhos e outros jogos, as crianças revelam seus processos de criar e imaginar. É a partir do que veem e ouvem que entendem a realidade que criam.

A autora afirma que em jogos de enredo, a criança desempenha ações que concorrem para a caracterização dos papéis que ela quer encenar. Quando a criança incorpora uma personagem, acaba por se espelhar nas regras do mundo real que determinam a conduta desta personagem. A autora explica que ao brincar, a criança transita por diversos temas lúdicos, criando uma infinidade de cenas dramáticas de representação.

Além dos objetos, as crianças se apropriam do próprio corpo para tornar as brincadeiras possíveis. Salienta que o movimento do corpo e sua performance, podem dar outro significado ao objeto pensado no primeiro momento da brincadeira.

Silva, Costa e Abreu (2015) relatam o imaginário como uma possibilidade de a criança transitar por universos que não pode explorar diretamente, neste sentido, é no faz de conta que a criança tem maior possibilidade de vivenciar as várias personagens que queira, ampliando suas experiências culturais e sensíveis. É no espaço de brincar que a criança assume um papel investigativo, ainda que inconscientemente e sem maiores pretensões, além do brincar, a criança passa a viver situações diversificadas que o transporão por vezes a outro universo.

Silva (2015) reforça que é no brincar que as crianças se apropriam das regras da sociedade em que vivem, sendo a atividade lúdica uma das mais importantes formas de expressão infantil. A criança imagina e vivencia os vários papéis sociais que os adultos cumprem em sua trajetória de vida, imitam pais, professores, médicos, motorista etc. Quando é preparado um espaço como uma feira livre, por exemplo, a criança brinca de fazer as compras, de vender, de experimentar, de pagar, de encontrar comadres, amigos e outras personagens; brinca de ser o menino que ajuda a carregar as compras, de ser a mamãe, de ser o papai e assim por diante.

Neste movimento intenso, a criança vai desenvolvendo várias habilidades, inconscientemente, a timidez vai sendo deixada de lado, a oralidade vai sendo ampliada, o movimento de escuta vai sendo desenvolvido, o contato com a matemática vai surgindo, a socialização e a interação vão acontecendo e tantos outros conceitos pertencentes ao mundo dos adultos vão sendo vividos.

Vygotsky (2009) relata que o principal fator psicológico do desenvolvimento da atuação imaginativa baseia-se na necessidade que experimentamos de adaptação ao meio que nos cerca. Se o ambiente não oferecesse nenhum obstáculo ao desenvolvimento natural, não haveria base alguma para o surgimento de uma ação criadora. Para o autor,

> O ato criador implica o funcionamento imaginativo. Assim, por meio de associações e dissociações das impressões do real, somos capazes de compor universos fantásticos! Isso também ocorre com as crianças. (VYGOTSKY, 2009, p. 16-17).

Para Piaget (1971), ao brincar, a criança reproduz o mundo real à sua maneira, sem se ater ao que o mundo real tem como convenção, pois o objeto em si, não é visto por ela pelo o que é, mas sim pelo que lhe representa no momento em que se apropria dele. Este movimento é chamado por Piaget de jogo simbólico. No jogo simbólico, a criança inicia de maneira solitária e gradativamente, a brincadeira vai se transformando jogo sociodramático, quando a criança começa a representar papéis que imitam a organização da sociedade do mundo real. É também possível que o jogo simbólico se desenvolva no coletivo, para isto basta que vários participantes estejam em um mesmo espaço organizado para o brincar.

É através do jogo simbólico que a criança passa a usar um objeto como se fosse outro, como no caso da vassoura que passou a ser um cavalinho. Kishimoto (2011) explica que o objeto que a criança utiliza para transformar no que deseja, obedece a regras que a própria criança cria.

Quando a criança brinca, imagina. Um cabo de vassoura pode ser um cavalinho, uma boneca pode ser sua filha, uma bacia pode ser um barco e assim por diante. Muitas situações que criam ao brincar podem ser a partir do que vivenciaram ou viram em algum lugar ou momento, porém, existe nestas brincadeiras e ações a capacidade de reelaborar a partir de algo vivido ou conhecido. Esta situação de criação e reelaboração são graduais, assim, paulatinamente vão se ampliando a partir do que vivemos e da mediação do outro e de objetos. É uma associação do mundo real com o que se fantasia, conforme nos relatam Silva e Abreu (2015).

É na forma de perceber a realidade que a criança imagina e cria. Vygotsky aponta a brincadeira como a atividade mais importante da vida da criança. Entende o lúdico como primordial para o surgimento do funcionamento abstrato, da elaboração e da ampliação das funções imaginativas e linguísticas da infância (SILVA, 2007).

A autora nos chama a atenção para o fato de que as brincadeiras incorporadas por personagens possibilitam às crianças o exercício mental de transpor as regras sociais. Ao ser uma professora, por exemplo, a criança vive o "papel da professora". Imita-a nos detalhes, quer ter o avental, a lousa, o giz e inclusive seus trejeitos. Chama a atenção do "aluno", pede para que sente e assim por diante, poucas vezes brinca de professora se colocando como mediadora que interage no brincar, por exemplo.

Quando brincam, as crianças transitam por várias temáticas que lhes possibilitam muitas representações. As brincadeiras são muito próximas de interpretações e assim como em um teatro vivenciam o âmbito da cultura, ainda que sem consciência de como se experimentar o universo dos adultos, na tentativa de se representar suas funções sociais. Quando brinca, a criança deixa de ser espectadora e passa a ser autora de sua própria história a partir de sua vontade. É o início para o exercício da liberdade e escolha, necessários para ações a serem desenvolvidas na vida adulta.

Para Kishimoto (2011) a "simulação" ou o faz de conta, promovem o desenvolvimento cognitivo e afetivo-social, e para muitos teóricos e estudiosos no assunto, como Freud (1976a), Piaget (1971), Luria (1932) e Vygotsky (1984), o jogo da fantasia possibilita observar a origem dos devaneios da fase adulta.

As várias ações vivenciadas pelas crianças são denominadas, jogo imaginativo, jogo de faz de conta, jogo de papéis ou jogo sociodramático. Estes jogos abrem caminhos para uma vivência importante que o reportará ao mundo real. O jogo da dramatização é compreendido como uma importante estratégia para que a criatividade seja estimulada, pois é através da arte que a criança experimenta outros papéis que possibilitam um jogo interessante como ser, ou fazer, aquilo que habitualmente não é, e não se faz. A imaginação, a criatividade e a liberdade de ação são elementos fundamentais para que as crianças brinquem com prazer e alegria, oportunizando vivencias que os capacitarão para vencerem os desafios da infância e da vida adulta (KISHIMOTO, 2011).

Para Vygotsky (1998), o brincar, a partir da imitação, como o teatro, possibilita que a criança desenvolva sua imaginação e, assim, possa interagir com o meio e com o outro. É o momento no qual a criança se apropria de um objeto para transformá-lo em outro a partir de sua imaginação. Neste movimento a afetividade, a emoção e os sentimentos também são trabalhados para que a criança se desenvolva e se situe no tempo e no espaço.

É através do faz de conta, da contação de história e dos vários momentos que a professora propicia, inclusive no ambiente escolar, que as crianças vivenciam momentos importantes para exteriorizarem seus medos, raiva, ciúmes e outros sentimentos inerentes ao ser humano. São nestes momentos também que os valores, princípios morais e outros conteúdos e conceitos são trabalhados.

Kishimoto (2011) ressalta que a partir da necessidade e do desejo da criança surgem as ações lúdicas, e que é através da imaginação que a criança pode vivenciar tudo aquilo que não lhe é permitido no que se refere ao mundo dos adultos. Neste movimento, as crianças brincam imitando o que a sociedade tem como organização, regras e papéis para o mundo real.

Segundo a autora, são quatro os eixos centrais para o desenvolvimento da imaginação da criança. A experiência, a fantasia, a realidade e a originalidade. Com os quatro eixos, ao se materializarem, retornam ao mundo de forma inovadora, apresentando uma força ativa e original. Neste sentido, a imaginação e a fantasia passam a ser de extrema importância para a criação do novo. Daí, a necessidade de se pensar os espaços lúdicos pedagógicos com possibilidades de novos desafios e de cenário que propiciem o exercício do imaginário e do faz de conta.

A criança de Educação Infantil deve ter o direito de ter espaços constituídos de maneira que lhe sejam propícios para seu desenvolvimento, onde possa viver a infância de maneira que lhe seja inesquecível e contribuinte para a formação integral, tendo como primordial o prazer e a alegria de poder conviver com tudo o que esta fase enriquecedora merece, em especial com o convívio de outras crianças e adultos.

Para tanto, o professor, como mediador destas possibilidades, pode propiciar aos pequenos constantes trocas de experiências, a fim de contribuir para o seu desenvolvimento.

Considerações finais

Quando garantimos experiências enriquecedoras para as crianças em relação a diferentes âmbitos da vida social, também estamos lhes oferecendo matéria-prima com a qual sua imaginação pode trabalhar, inclusive ao brincar.

Sendo assim, o universo infantil pensado enquanto lúdico pedagógico possibilitará à criança se inserir na sociedade da qual faz parte, afinal, o mundo está organizado para atender as necessidades do ser humano em qualquer fase de sua vida, em especial, na primeira infância, tendo em vista ser este um dos momentos mais mágico que o ser humano pode viver.

Para tanto, a professora deve ter todo o cuidado para intervir, quando entende ser o momento oportuno para tal ação. Quando uma criança brinca de casinha, por exemplo, e repete a ação de fazer a comidinha por vários dias, a professora pode intervir questionando para quem ela faz a comida, que comidinha está fazendo e, aproveitando as resposta da criança, pode estender o diálogo, dizendo que o cheiro está bom e que o sabor está também muito bom. Com estas e outras ações, a professora "brinca" com a intencionalidade de mediar o seu desenvolvimento.

São nestas ações que a professora acaba por atribuir sentido às ações da criança, possibilitando a ampliação do vocabulário, oportunizando a socialização e interagindo diretamente com a criança para que possa se desenvolver, inclusive emocionalmente.

Referências

BARBOSA, Maria Carmen Silveira. *Projetos pedagógicos na Educação Infantil.* Porto Alegre: Grupo A, 2008.

BRASIL. *Manual de Orientação Pedagógica.* Brasília. DF: MEC, 2012.

______. Ministério de Educação e do Desporto. *Referencial Curricular Nacional para Educação Infantil.* Brasília, DF: MEC, 1998.

______. *Lei de Diretrizes e Bases da Educação Nacional.* Lei nº 9.394, 20 de dezembro de 1996.

FARIA, Ana Lucia Goulart de. O espaço físico nas instituições de Educação Infantil. In: *Subsídios para o credenciamento e funcionamento de instituições de Educação Infantil.* Brasília, DF: MEC, 1998.

FORNEIRO, Lina Iglesias. A organização dos Espaços na Educação Infantil. In: ZABALZA, Miguel A. *Qualidade em Educação Infantil.* Tradução Beatriz Affonso Neves. Porto Alegre: Artmed, 1998.

KISHIMOTO, Tizuko Morchida. *Jogo, brinquedo, brincadeira e educação.* São Paulo: Cortez, 2011.

LEONTIEV, A. N. *O desenvolvimento do psiquismo.* São Paulo: Centauro, 2004.

OLIVEIRA, Zilma M. Ramos. *A criança e seu desenvolvimento.* São Paulo: Cortez, 2012.

PIAGET, Jean. *A formação do símbolo na criança.* Tradução de A. Cabral e C. M. Oiticica. Rio de Janeiro, 1971.

SILVA, Daniele Nunes Henrique; ABREU, Fabrício Santos Dias. *Vamos brincar de quê?* Cuidado e educação no desenvolvimento infantil. São Paulo: Summus, 2015.

VYGOTSKY, Lev Semenovich. *Imaginação e criação na infância.* São Paulo: Ática, 2009.

______. *A construção do pensamento e da linguagem.* São Paulo: Martins Fontes, 2001.

______. *A formação social da mente.* São Paulo: Martins Fontes, 2000.

Percursos de leitura: possibilidade de mediação da leitura para as crianças da Educação Infantil

Adriana Oliveira Lacerda Pinto[1]
Aline Oliveira Lacerda Gordilho[2]

Introdução

Neste artigo iremos refletir sobre a nossa prática de leitura junto às crianças, visto que ao longo do nosso percurso profissional ocorreram mudanças das mediações de leitura que realizamos com as crianças. Esse fato fez com que surgisse uma inquietação motivando-nos a pesquisar sobre esse tema, tendo em vista que dividimos a mesma turma e sempre almejamos contagiá-las com o nosso fascínio pela leitura.

Somos professoras efetivas da rede municipal de ensino da cidade de São Paulo; Adriana lecionou durante 2 anos em Centro de Educação Infantil (CEI) conveniado com a Prefeitura de São Paulo, 5 anos na Educação Infantil na rede municipal de São Bernardo do Campo e está na rede municipal de São Paulo na Educação Infantil há 6 anos, dentro deste período, 5 anos na Diretoria Regional de Educação (DRE) do Campo Limpo e, atualmente, leciona na DRE de Santo Amaro na Escola Municipal de Educação Infantil (Emei) Cidade Ademar III no período intermediário (das 11 h às 15 h). Formada no Curso de Magistério pelo Centro de Formação e Aperfeiçoamento ao Magistério (Cefam), em Letras pelo Centro Universitário Fundação Santo André (CUFSA) e, em 2016, finalizará o curso de Psicanálise pelo Núcleo Brasileiro de Pesquisas Psicanalíticas (NPP).

Aline por sua vez lecionou 3 anos em CEIs conveniadas com a Prefeitura de São Paulo, 1 ano na Educação Infantil na rede municipal de São Bernardo do Campo e está há 4 anos na Educação Infantil

1. Licenciada em Letras pelo Centro Universitário Fundação Santo André (CUFSA). Professora de Educação Infantil na rede municipal de ensino de São Paulo.

2. Pedagoga pela Universidade Paulista (Unip). Professora de Educação Infantil na rede municipal de ensino de São Paulo.

na rede municipal de São Paulo, sendo 3 anos na DRE Capela do Socorro e, atualmente, na DRE Santo Amaro na Emei Cidade Ademar III no período vespertino (15 h às 19 h). Formada no Curso de Magistério pelo Cefam, em Pedagogia pela Universidade Paulista (Unip) e, em 2016, também finalizará o curso de Psicanálise pelo NPP.

Sempre fomos leitoras e desejosas de compartilhar esse interesse com as crianças das escolas nas quais trabalhamos. Apesar de realizarmos leituras diárias com elas, percebíamos que, muitas vezes, não conseguíamos alcançar o nosso objetivo. Ao sermos instigadas, nos anos de 2014-2015, pelo coordenador pedagógico da escola, percebemos o porquê de não alcançarmos êxito. Vimos que isso ocorria devido aos textos que líamos e como conduzíamos a leitura. Logo precisávamos trilhar novas possibilidades de mediação de leitura para alcançar nossos objetivos.

No começo fomos resistentes em mudar nossas estratégias, afinal, tínhamos nos tornado leitoras desta maneira e conseguido que muitas crianças se interessassem pela leitura usando da estratégia de ler diariamente, livros curtos e que tivessem histórias que as motivassem.

Diante do desafio de ler um livro por capítulos, uma sequência de autor ou temática, entendíamos que essas proposições não seriam compreendidas pelas crianças, elas não conseguiriam compreender o que seria lido e não prestariam atenção, dificultando mais a mediação. Porém, como havia um número grande de crianças que não alcançavam a dimensão de leitores que tanto desejássemos que alcançassem, nos dispusemos a tentar o novo e descobrimos o seu encantamento pelas histórias lidas com outras possibilidades de leitura que serão apresentadas a seguir.

Na busca de descrevermos esse percurso, apresentaremos como compreendemos a importância da leitura; na sequência o porquê ler na Educação Infantil; prosseguiremos o texto discutindo: o que ler e como ler para as crianças e finalizaremos com as possibilidades da leitura por temas e capítulos.

A importância da leitura

A leitura é uma ação social e cultural, lemos com uma finalidade, sendo ela por necessidade ou por prazer. A leitura pode assumir diversos aspectos no qual serão dependentes dos objetivos que temos ao fazê-la, tais como: instrucional na atividade para cozinhar, pois lemos uma receita; informativa para nos informar, afinal lemos um jornal, dentre outras possibilidades[3].

Se desde os primeiros anos a criança tiver acesso a livros, haverá chance de ocorrer um maior sentimento de curiosidade pela leitura, "que nada tem a ver com uma decifração linear e regular, que parte da primeira palavra da primeira linha para chegar à última palavra da última linha" (JOLIBERT, 1994, p. 15). É o ato de ler que forma o leitor e não a decifração de códigos. Quanto mais cedo a criança participar de situações reais de leitura maiores serão as possibilidades de se tornar um leitor, frisamos que *não é necessário primeiro aprender a ler para ler*. Maia (2007) aponta que quanto mais cedo a criança for inserida no mundo da leitura maior a chance de sucesso.

Pesquisas realizadas pela Organização das Nações Unidas para a Educação, a Ciência e a Cultura (Unesco) apontam que um leitor é preferencialmente formado até os 12 anos de idade, por isso é imprescindível que a criança seja inserida no mundo leitor desde o início de sua vida. A família tem um papel muito importante para essa formação, estudos afirmam: filhos de pais leitores têm a maior chance de se tornar leitor, por vivenciar essa prática diariamente em suas casas, mas isso não anula a responsabilidade da escola para a constituição do pequeno leitor, "[...] formar o leitor crítico é uma atribuição do professor [...]" (MAIA, 2007, p. 49).

A escola deve promover situações nas quais as crianças possam participar das leituras levantando suas hipóteses e questionando as histórias lidas. Essa atividade só pode ser desenvolvida se o aluno exercer primeiramente o papel de "escutador ativo" (SOLÉ, 1998, p. 28) para depois tornar-se um leitor ativo.

---

3. Para saber mais recomendamos a referência da obra: SOLÉ, Isabel. *Estratégias de leitura*. Porto Alegre: Artmed, 1998.

As crianças desde muito pequenas estão inseridas no mundo letrado, principalmente as dos centros urbanos, em contato com diferentes estilos de textos, como: jornais, livros, outdoors, placas, propagandas, internet, entre outros. Mesmo antes de ingressarem na escola elas já refletem sobre a leitura e a escrita, aprendem a partir das práticas sociais exercidas pelos seus familiares.

Mesmo as crianças convivendo com diferentes estilos textuais em casa é importante ter contato na Educação Infantil com eles. Alguns dos objetivos citados no Referencial Curricular Nacional para a Educação Infantil (RCNEI) destacam essa importância para a faixa etária de 0 a 6 anos:

- Interessar-se pela leitura de histórias;
- Escutar textos lidos, apreciando a leitura feita pelo professor;
- Escolher os livros para ler e apreciar. (RCNEI, 1998, p. 131)

As histórias lidas em voz alta pelo professor, além do aluno desenvolver e vivenciar procedimentos leitores, permite a eles momentos nos quais sejam necessário desenvolver a escuta e a atenção, oportunizando ainda para as crianças menores (0 a 3 anos) o desenvolvimento da oralidade.

Por que ler na Educação Infantil?

A leitura literária é uma prática que pode ser prazerosa. Para a adequada fruição do texto literário é necessário ir para além da mera decifração de códigos; do domínio da técnica de juntar sílabas; ou seguir um rol de procedimentos. Quando o professor vai mediar a leitura literária, ele tem que levar isso em consideração, pois o objetivo principal, quando queremos formar leitores, é promover na criança a possibilidade de desenvolver uma escuta atenta que poderá ajudá-los na escolha dos seus próprios livros, independente do professor e da sala de aula, pois "ouvir um texto já é uma forma de leitura." (RCNEI, 1998, p. 141).

Quando o professor realiza a leitura, ele permite às crianças o contato com novas culturas e valores, fazendo com que elas reflitam sobre como agir em certas situações e estabelecer relações com a forma como o seu grupo social age.

As práticas de leitura diária possibilitam às crianças exercerem o papel de leitores, fazendo-os observarem o texto, a forma, o conteúdo e os aspectos da linguagem.

O professor, além de ler para as crianças, pode propiciar momentos em que elas mesmas leiam. Podem ser oferecidas oportunidades nas quais elas manuseiam livros e possam ler baseadas em figuras, nos saberes que detêm do gênero, nos seus conhecimentos prévios.

Quando temos contato com uma literatura de qualidade estimulamos a imaginação e o prazer pela leitura lendo as histórias para as crianças com interesse, despertando o fascínio, propiciando um ambiente acolhedor, confortável, permitindo que visualizem o texto e suas gravuras.

O Referencial Curricular Nacional para Educação Infantil cita que para favorecer as práticas de leitura, algumas condições são consideradas essenciais, são elas:

> - Organizar momentos de leitura livre nos quais o professor também leia para si. Para as crianças é fundamental ter o professor como um bom modelo. O professor que lê historias, que tem boa e prazerosa relação com a leitura e gosta verdadeiramente de ler, tem um papel fundamental: o de modelo para as crianças;
> - Possibilitar às crianças a escolha de suas leituras e o contato com os livros, de forma que possam manuseá-los, por exemplo, nos momentos de atividades diversificadas;
> - Possibilitar regularmente às crianças o empréstimo de livros para levarem para casa. Bons textos podem ter o poder de provocar momentos de leitura em casa, junto com os familiares. (RCNEI, 1998, p. 144)

Estas condições nos mostram várias práticas que podem ser trabalhadas com as crianças, sendo que algumas delas já desenvolvemos, como nos momentos em que elas podem escolher seus livros para realizarem suas próprias leituras. Temos um pequeno acervo em sala de aula com livros e gibis, além de uma sala de leitura com um acervo considerável.

Infelizmente, ainda não conseguimos oportunizar às nossas crianças levarem livros para suas casas e terem experiências de leitura junto aos seus familiares, mas pretendemos fazer de forma integrada com as outras salas da escola.

O que ler e como ler para as crianças?

A leitura na escola tem que dialogar com a realidade da criança, ou seja, ser significativa para ela e passar por suas experiências e seus gostos; ao professor cabe ter clareza sobre qual aspecto de interesse da criança está contido no texto lido e assim conduzir a leitura de uma melhor forma.

Para diversos autores, os contos infantis são ótimas possibilidades de leitura para as crianças, que desde muito cedo se interessam por essas histórias

> [...] situando-se no limite entre fantasia e realidade, os contos desenvolvem a capacidade de compreensão das relações humanas, de análise dos seus medos e angustias, além de incentivar a criança na resolução de seus problemas. (MAIA, 2007, p. 50)

É necessário que o professor tenha critérios ao escolher a obra a ser lida levando em conta o grau de maturidade das crianças, a qualidade literária e estética do livro, ter sido escrito por autores que se preocupam com a produção autoral das crianças, não sendo o gosto pessoal do professor o único item a ser ponderado na hora da escolha. Esclarecemos que não se faz necessário o uso de edições simplificadas para as crianças poderem compreender o que será lido. Um livro bem escolhido pode instigar o desejo na criança de tê-lo.

A criança pode participar ativamente tanto do planejamento da leitura como no momento dela. No planejamento, ela opina sobre o que será lido e/ou em qual parte do dia será realizada a leitura;

onde e com quem a efetuaremos. Na execução da leitura, ela pode antecipar o que será lido ou em alguns momentos ser o leitor/ contador da história, mesmo que não o faça de forma convencional.

Permitir às crianças serem as protagonistas dos momentos de leitura contribui para que se tornem motivadas e cada vez mais críticas nas suas escolhas. Para que elas exerçam esse protagonismo, cabe ao professor apresentar os diversos critérios utilizados ao escolher uma obra literária, tais como: temas, autores, indicações, apresentação gráfica, entre outros.

Apenas o ato de oferecer livros não garante que estaremos formando leitores, mas essa oferta deve vir acompanhada de boas mediações de leitura, nas quais podemos potencializar a formação de leitores.

É preciso deixar claro que não é porque a turma está em silêncio que estão interessados na leitura, pode ser apenas um cumprimento de uma regra estabelecida: a leitura só se efetua em silêncio! Por vezes, crianças que realizam questionamentos durante as histórias, e logo "burlam" a regra do silêncio podem estar muito mais interessadas na história do que os colegas quietos.

Claro que tal observação não implica defendermos que as crianças devam interromper a leitura o tempo todo. Com certeza vão, conforme vivenciam situações de leitura, percebendo que a escuta se faz necessária e muitas de suas perguntas podem ser respondidas com uma escuta atenta.

Quando a criança exerce o papel de leitora, o professor também pode aproveitar este momento para ler, pois será um modelo de leitor. Se as crianças não virem o mediador lendo nos momentos que são instigados a fazê-los como podem acreditar que ler é importante ou motivador?

Como dissemos na introdução deste texto, o modo que líamos antes da reflexão de nossa prática não possibilitava que atingíssemos o objetivo de instigar o comportamento leitor nas crianças. Sempre escolhíamos os livros mais simples, com textos pequenos e um maior número de figuras, pois acreditávamos que desta forma seria mais fácil prender a atenção das crianças e que assim conseguiriam compreender a leitura. Contudo, acabávamos tendo um momento estressante, com crianças desinteressadas e professoras chamando a atenção a todo instante e, apesar deste quadro quase caótico, continuávamos perseguindo nosso objetivo de mediar a leitura, realizando-a da mesma forma diariamente.

Dentre as possibilidades de mediação de leitura que conhecemos entre os anos de 2014/2015, resolvemos realizar a leitura temática, ou seja, líamos por um certo tempo o mesmo tema, como diversas versões de *Chapeuzinho Vermelho*, vários livros que falam sobre animais e de poesias. Também fizemos a mediação por capítulos que consiste em ler livros mais extensos com a narrativa separada por capítulos; líamos, por dia, um capítulo ou mais, dependendo do livro e do grau de maturidade da turma.

Fomos inicialmente resistentes, hoje percebemos que tínhamos receio de que essa nova forma de mediação didatizasse por demais o momento de leitura, tirando assim o prazer que este momento deveria ter. Estávamos enganadas diante do (pré)conceito que tínhamos a respeito dessas outras possibilidades de leitura.

Durante o primeiro semestre de 2015 tivemos muitas trocas de experiência com o coordenador pedagógico sobre outras possibilidades de mediação de leitura, apesar de estarmos na mesma escola, iniciamos as nossas atividades com essa nova forma de mediar a leitura de maneira distinta. A professora Aline iniciou com a mediação temática, depois partiu para leitura de contos do mesmo autor e, por fim, realizou a mediação por capítulos.

A professora Adriana pensou em iniciar a leitura de vários livros do mesmo autor, mas percebeu que o interesse da sala era pelo tema de histórias de lobo mau e decidiu realizar a leitura temática, pois o interesse da sala era muito grande e, dentro dessa proposição, acabou realizando a leitura por capítulos. A seguir descreveremos um pouco sobre as nossas experiências da mediação de leitura por temas e capítulos.

Prática de mediação de leitura realizada pela Professora Aline com crianças de 5 a 6 anos

No ano de 2014, depois de ter ouvido o coordenador apontar reiteradas vezes que a leitura por tema poderia ser uma estratégia interessante para as crianças, aceitei o desafio de ler por temas. O primeiro tema escolhido foi as diversas versões do conto *Chapeuzinho Vermelho*; fiquei com receio que as crianças enjoassem e não prestassem a atenção, mas a cada dia que eu trazia uma nova versão elas se mostravam mais interessadas e faziam as comparações entre um livro e outro espontaneamente. Ao término desta série de leituras fiz com elas uma roda para que conversássemos sobre as histórias lidas e que dessa vez fizessem comparações mais dirigidas e complexas.

No diálogo que travamos pude perceber melhor como estavam empolgadas com as leituras e como tinham guardados detalhes das histórias. Decidi que este seria o novo caminho que adotaria para estes momentos, a leitura por temas, pois ainda desacreditava que a leitura por capítulos – outra possibilidade de mediação sugerida pela coordenação – surtiria efeito na Educação Infantil.

O próximo critério que empreguei foi o de ler o mesmo autor e escolhi *Os contos de Andersen*, mais um grande desafio para mim, histórias grandes e complexas, poucas gravuras, até então só havia lido, para as crianças, versões resumidas desses contos, confesso que tive medo de ter que abandonar esse autor pelo "meio do caminho". Porém, novamente fui surpreendida, pois todas as crianças da sala esperavam o momento da leitura e quando eu as chamava para iniciarmos expressavam uma grande satisfação, alguns contos eu dividia em dois dias, outros eu lia tudo no mesmo dia e elas sempre me perguntavam qual seria o próximo conto.

Ao termino deste autor, voltei à leitura temática, escolhi as diversas versões de *Os três porquinhos*, nesta altura já estava mais segura com a mediação da leitura por temas.

Um dos projetos que estamos trabalhando neste ano são perguntas científicas levantadas pelas crianças e iríamos iniciar as pesquisas sobre a nossa segunda pergunta: "Por que as folhas caem das árvores?". Assim, fui até a sala de leitura da nossa escola procurar livros que falassem sobre árvores, esse seria o tema para as leituras da semana.

Encontrei o livro *A árvore dos desejos*, de William Faulkner, que apesar de não ser divido por capítulos é bastante extenso e, novamente tive o medo de ter que abandonar a leitura pela metade, levei duas semanas para concluir o livro, mais uma vez tive uma sala interessada pela leitura, interesse comprovado pelo fato de as crianças diariamente retomarem o que era lido no dia anterior e conseguir fazer relações entre o que era narrado no dia com o que foi lido no dia anterior. Ao término do livro pude verificar que realmente compreenderam o que havia sido lido, pois conseguiram verbalizar que o que é narrado no livro é um sonho.

O próximo livro que li por capítulos foi *O Pequeno Príncipe* de Antoine de Saint-Exupéry. Selecionei esse livro por sua qualidade reconhecida e por tratar de temas que a sala demonstra se interessar: planetas, animais, aviões, príncipe; por seus capítulos serem pequenos, lia de dois a três por dia.

Duas crianças da sala haviam assistido o desenho do Pequeno Príncipe e faziam comparações de quão diferente era do livro. Assistimos juntos o filme e, assim, pudemos fazer comparações mais embasadas da obra literária com as obras audiovisuais. Durante o filme uma das crianças disse: "Esse é igual o livro, né prô?" e assim começaram as comparações e as conversas informais entre elas sobre a história.

Percebi que chegava perto das proposições de Alcântara (2009, p. 184) que os

> [...] livros selecionados devem ser, preferencialmente, aqueles que mobilizam as crianças, aguçam seu interesse em querer ouvir a continuação de uma história, provocam a conversa entre eles, ou geram o pedido de "leia mais um pouquinho.

Constatei que tal dimensão da mediação de leitura só é alcançada quando temos uma escuta atenta com as crianças.

Prática de leitura realizada pela professora Adriana com crianças de 5 a 6 anos

Inicialmente achei que não conseguiria mediar essa nova forma de leitura que meu coordenador pedagógico me propunha. Várias vezes pensei que as crianças não fossem "capazes" de acompanhar a leitura por capítulos, que a história poderia se perder no meio e que elas ficariam desestimuladas com a leitura ou na mediação temática ficariam entediadas com tantos contos sobre o mesmo assunto. Mas com tantos desafios que o coordenador pedagógico havia lançado sobre a prática de mediação de leitura e tendo o desejo de repensar as minhas estratégias decidi começar a ler vários livros do mesmo autor, pois pensei que essa seria uma forma de não deixar as crianças desinteressadas pela leitura.

Queria começar com as histórias do Ziraldo, seguindo o conselho de ler obras do mesmo autor, mas o interesse das crianças era outro: histórias sobre lobo mau. Percebi que se continuasse com a minha ideia inicial não teria êxito novamente. Apesar de ter um grande receio com essa nova proposição de mediação, iniciei a leitura por temas e o lobo mau foi o primeiro.

Tentando adequar a ideia de seguir um tema com o que eu já fazia, senti-me mais segura em iniciar lendo várias versões das histórias de *Chapeuzinho Vermelho*, realizei a mediação das versões e a cada leitura as crianças demonstravam mais interesse e, para a minha surpresa, o momento da leitura era de grande encantamento para as crianças. Quando finalizávamos uma versão sempre havia conversas informais entre elas sobre os contos, faziam comparações da história que tínhamos finalizado com as que havíamos lido anteriormente.

Lemos as várias versões de *Chapeuzinho Vermelho* durante duas semanas e em nenhum momento as crianças demonstravam estar entediadas com a leitura, pelo contrário, a cada novo conto elas estavam mais animadas e queriam que eu continuasse lendo.

Quando finalizei as histórias de *Chapeuzinho Vermelho,* realizei uma roda de conversa com as crianças para falarmos um pouco sobre as leituras efetuadas, vi que elas estavam muito animadas com o que estávamos lendo e percebi que ainda tinham interesse no tema do lobo mau.

Comecei a leitura de *Os três porquinhos*, pois tinha o lobo mau, tema de interesse da sala. Antes de iniciar as leituras, em roda, apresentei para as crianças quais seriam os livros que estaríamos lendo, elas estavam muito entusiasmadas, pois continuaria com o tema do lobo. Alguns títulos já eram de seu conhecimento, mas isso em nenhum momento diminuiu a expectativa delas.

No decorrer das leituras havia versões extensas que me obrigava a realizá-las por capítulos, não acreditei muito que as crianças conseguiriam acompanhar a leitura e tinha certeza que a história iria se perder, pois achava que elas iriam "esquecer" o que tinha sido lido no capítulo anterior.

Novamente era possível ver o encantamento das crianças pelo que era lido, era possível ver que elas compreendiam a leitura e não havia desinteresse, pelo contrário, elas estavam sempre atentas e conseguiam retomar o que havíamos lido nos capítulos anteriores. Muitas vezes pude acompanhar conversas informais entre elas sobre o que poderia acontecer nos próximos capítulos.

Pude vivenciar que as crianças são capazes de acompanhar leituras literárias de qualidade, não é necessário que simplifiquemos as histórias para que elas possam compreender a leitura. Para que tenhamos sucesso no desenvolvimento de nossas práticas de mediação de leitura é preciso estar atentos com o que as crianças desejam, pois se eu não tivesse levado em consideração o interesse delas, com certeza, não teria tido êxito com as leituras.

Considerações finais

Finalmente, conseguíamos atingir o nosso objetivo: que as crianças demonstrassem prazer na leitura mediada pelo professor. Os momentos de leitura tornaram-se bem esperados por elas, tornando-se um momento muito gratificante para nós, professoras, pois tínhamos respostas positivas por parte delas.

Percebemos que realizar a leitura por temas e capítulos aguça a curiosidade e faz com que as crianças antecipem o que será lido, sem nos esquecer de alertas como destaca Alcântara (2009, p. 185):

> O bom senso pede que a leitura seja interrompida quando os alunos mostram sinais de fadiga.

> A rigor, o ideal é que nem cheguem a este ponto. Entretanto, o professor, atento percebe se o grupo mantém ou não interesse. [...].
> Como ler é, normalmente, encarado como um ato que se faz de forma isolada, para ampliar a possibilidade de compartilhamento do momento de leitura, boa tática é que a leitura em capítulos seja realizada em, no mínimo, duas turmas. Assim, aumenta-se a possibilidade de interlocução sobre o que foi lido.

Nossas práticas estão bem parecidas em alguns pontos, pois além do diálogo com a Coordenação Pedagógica também existe troca de experiências entre nós professoras e em todo o processo de mudanças de nossas mediações de leitura estávamos conversando e tendo novas ideias juntas, por isso de alguns temas coincidirem.

Dados apresentados no livro *Retratos da leitura no Brasil 3* revelam os seguintes dados a respeito do comportamento leitor dos brasileiros e brasileiras: metade da população brasileira se declara como não leitora; a média de livros lido é de 4 livros por habitantes durante o ano; 65% escolhem o livro a ser lido pelo tema; 93% leem em casa; 33% leem na escola.

Diante desse cenário, entendemos que o trabalho que desenvolvemos com as crianças da escola de Educação Infantil justifica-se pelo intuito de tentar modificar a falta de motivação da população brasileira em relação aos livros e de mostrar às crianças a possibilidade de a leitura ser fonte de prazer, por isso o trabalho minucioso e intencional com a leitura.

Outro ponto importante é: entre os que se declaram leitor, leem apenas quatro livros por ano em média, com o trabalho de mediação realizado na escola estamos bem acima da média nacional, pois lemos com as crianças de três a cinco livros por semana.

Uma parte dos que se declaram leitor só o fazem na escola, por isso a importância que temos enquanto mediadores de leitura, pois algumas de nossas crianças só terão contatos com os livros por meio de atividades desenvolvidas pelos professores.

Outro dado citado é que uma grande parte dos entrevistados realiza as suas leituras em casa. Esse será o nosso próximo desafio: incluir a família nas atividades de leitura que estamos desenvolvendo com os seus filhos.

Com os escritos nesse texto, esperamos que tenhamos conseguido expressar que o prazer pela leitura não é uma finalidade em si mesma nos momentos vivenciados por nós com as crianças na escola, mas, sim, uma consequência de um trabalho comprometido com a sua educação e o seu desenvolvimento. O nosso objetivo maior foi mostrar como construímos procedimentos de mediação de leitura que pudessem instigar a curiosidade das crianças, estimulando--as ao hábito da leitura, com um comportamento leitor pautado na possibilidade de exercitarem sua autonomia ao escolherem o que desejam (ou não) ler.

Ao aceitarmos o desafio de novas possibilidades de mediação de leitura percebemos que o processo de reflexão e sistematização sobre nossas práticas trouxe a apropriação de comportamentos leitores, pois nós como *leitoras ativas* temos critérios de como escolher os livros que leremos em nossos tempos livres e devemos ensinar isso às crianças.

Não chegamos a uma biblioteca ou livraria e pegamos o primeiro livro que vemos, vamos à seção que nos interessa e assim escolhemos qual livro ler, caso iniciemos a leitura e não nos agrade paramos e escolhemos um novo livro. O mesmo deve acontecer quando vamos ler em sala de aula, devemos ter critérios e os mesmos devem ser compartilhados com as crianças.

Para termos crianças leitoras ativas, que sejam protagonistas, é necessário vivenciarem procedimentos leitores, compreendendo a importância de ler, conhecendo diversos gêneros textuais, os critérios de escolhas e saibam quais os procedimentos atitudinais que se esperam dos lugares onde a leitura se realiza.

O que nos possibilitou a mudar nosso procedimento de mediação de leitura foi o diálogo que estabelecemos com a coordenação pedagógica; e a percepção das respostas positivas que as crianças deram às novas proposições.

O coordenador, por sua vez, conseguiu compreender o tempo que precisávamos para refletir sobre as novas proposições e tomarmos a iniciativa de desenvolvê-las com nossas turmas de crianças.

O desafio que fica é o de alcançar as famílias, proporcionando momentos no qual as crianças escolham livros para levarem para casa e leiam com seus familiares, talvez assim estejamos mais perto de ter em nossa escola professores, crianças e familiares, enfim, toda uma comunidade escolar composta de leitores ativos.

Referências

ALCÂNTARA, C. R. Literatura infantil e formação do leitor: percursos e experiências. In: CINTRA, A. M. M.; PASSARELLI, L. G. (Org.). *A pesquisa e o ensino em Língua Portuguesa sob diferentes olhares*. São Paulo: Blucher, 2012.

______. *Redes de leitura:* uma abordagem sociocultural do ato de ler. Dissertação de Mestrado. 124 p. ECA/USP, 2009.

BRASIL. MINISTÉRIO DA EDUCAÇÃO E DO DESPORTO. *Referencial Curricular Nacional para Educação Infantil*. Brasília: MEC/SEF, 1998.

FAILLA. Z. (Org.). *Retratos da leitura no Brasil 3*. São Paulo: Imprensa Oficial do Estado de São Paulo: Instituto Pró-livro, 2012.

JOLIBERT, J. e colaboradores. *Formando crianças leitoras*. Porto Alegre: Artmed, 1994.

MAIA, J. *Literatura na formação de leitores e professores*. São Paulo: Paulinas, 2007.

SOLÉ, I. *Estratégias de leitura*. Porto Alegre: Artmed, 1998.

Leitura e escrita: possibilidades de práticas pedagógicas na Educação Infantil

Carolina Mariane Miguel[1]

Introdução

Iniciei meus estudos na área da Educação ainda no Magistério, porém não tinha a intenção de ser professora, talvez por ver toda a dedicação e desafios da minha mãe, que sempre lecionou. Queria ser psicóloga infantil. Desta forma fiz todo o curso superior em Psicologia, complementando o bacharelado com a formação em Psicologia clínica e licenciatura em Psicologia.

Desde o início da faculdade consegui um estágio e logo fui efetivada no módulo de Recreação, em que era responsável por um grupo de crianças de 7 a 10 anos, idade do Ensino Fundamental I na época, no contraturno escolar. Gostava muito de estar com as crianças, mas achava que era porque não estava no ensino formal, contribuiu também o fato de ser uma das primeiras escolas construtivistas da região. Não queria dar aulas tendo como modelo a educação que vivi na escola, austera, cartesiana e monótona. Mesmo sendo uma boa aluna, não queria passar minha vida profissional assim. Com os alunos da recreação eu jogava muitos jogos, pintava, conversava, fazia peças de teatro e tinha um vínculo muito próximo.

No último ano da faculdade passei num concurso da prefeitura de Santo André, que fiz sem pretensão, portanto não tinha planos para assumir, mas resolvi experimentar e vivenciar esta oportunidade. Este ano foi definitivo para minha vida profissional. Mesmo tendo assumido a turma considerada mais complicada da escola, que costumeiramente ficam para as professoras mais novas nas escolas públicas, me encantei com o trabalho que fui incentivada a realizar com crianças de 6 anos, na época último ano da Educação

1. Mestra em Educação da Universidade Nove de Julho (Uninove) e graduada em Psicologia com especialização em Psicopedagogia e Educação Especial. É professora da rede municipal de Santo André, foi assistente pedagógica e formadora do Ação Escrita (Profa – Programa de Formação do Professor Alfabetizador) e atualmente está na função de Coordenadora de Serviços Educacionais, na mesma cidade. E-mail: carolmmiguel@terra.com.br.

Infantil. A Secretaria de Educação tinha uma proposta de educação progressista e enfrentava muitos embates com os professores da rede por causa disso.

Desde então realizo meu trabalho com dedicação, empenho e motivação, sempre estudando muito para oferecer uma educação de qualidade para as crianças da rede pública. Fiz pós-graduação em Educação Especial e Psicopedagogia enquanto lecionava, logo após assumi o cargo de assistente pedagógica (coordenadora de escola) e fui selecionada para ser formadora do Ação Escrita, um programa de formação para professores alfabetizadores, realizando as duas funções em paralelo.

Atualmente assumi dois grandes desafios. Um deles tem sido o de coordenar um setor de seis escolas da rede municipal, sendo responsável por articular as demandas das escolas com as diretrizes da política educacional proposta pela Secretaria de Educação de Santo André. O outro desafio foi realizar, concomitantemente ao meu trabalho, o curso de pós-graduação *stricto sensu* em nível de mestrado. O enfrentamento desses desafios me proporcionou aprendizados valorosos.

No mestrado, integrei-me ao Grupo de Pesquisa de Educação Infantil e Formação de Professores (Grupeiforp), que tem contribuído muito para meu desenvolvimento enquanto pesquisadora, característica fundamental para se trabalhar em qualquer área da Educação, em que temos sempre que estar estudando, pesquisando e buscando caminhos para os desafios que se colocam novos a cada dia, em cada escola e com cada criança e família que temos o privilégio de conviver.

O objetivo de minha pesquisa é analisar as concepções e práticas de leitura e escrita de professoras que atuam com crianças de 4 a 5 anos em uma escola da rede de ensino de Santo André. Para tanto, desenvolvi uma pesquisa de cunho qualitativo com procedimentos que envolveram análise documental dos planejamentos da escola e das professoras, entrevistas com a assistente pedagógica, questionários com questões abertas preenchidos pelas professoras e registro em áudio de encontros de formação realizados com as professoras e coordenados por mim.

Este capítulo traz um recorte de um dos capítulos em que se discute a importância da alfabetização na sociedade contemporânea e as desigualdades que têm influenciado o processo de aquisição da leitura e da escrita desde a Educação Infantil. Aborda a história dos métodos de alfabetização no Brasil, a leitura e a escrita na Educação Infantil e algumas possibilidades de trabalho pedagógico com as crianças de 4 e 5 anos.

Leitura e escrita: alguns marcos históricos e conceituais

Os documentos oficiais do Ministério da Educação (MEC) indicam algumas possibilidades de trabalho pedagógico relacionados à leitura e à escrita, principalmente o Referencial Curricular Nacional para a Educação Infantil (RCNEI) e as Diretrizes Curriculares Nacionais para a Educação Infantil (DCNEI).

Estas possibilidades são trazidas no texto, porém terão ênfase as contribuições de teóricos como Freire (1994) sobre a alfabetização, bem como Ferreiro (2004) e Oliveira (2014), que exploram diversas possibilidades de contato das crianças pequenas com a leitura e a escrita, partindo das ideias que as mesmas constroem sobre como se lê e como se escreve. Esta é uma mudança de paradigma proposta pelo construtivismo a partir da pesquisa divulgada por Ferreiro e Teberosky (1985), que se pergunte à criança o que está pensando, utilizando estratégias como pedir para apontar onde acredita estar escrito determinada palavra ou mesmo ao solicitar que leia suas tentativas de escrita, mostrando o que escreveu e como escreveu.

Considera-se a proposta desses estudos uma grande mudança de paradigma, pois até então acreditava-se que elaborando um bom método (na perspectiva de quem já está alfabetizado), podia-se aprender. Caso a criança não aprendesse, levantava-se a hipótese de que havia um problema com ela, sem buscar maiores entendimentos sobre os processos de aprendizagem envolvidos.

Como toda mudança é permeada por percursos históricos, a seguir serão apresentados, ao nosso ver, momentos expressivos do ponto de vista da reorientação de conceitos da leitura e da escrita no contexto da alfabetização de crianças e de conquistas legais no âmbito da política pública educacional no Brasil.

Alfabetização de crianças no Brasil e o direito fundamental de ler e escrever

A alfabetização é um conhecimento de grande valor na sociedade atual. Saber ler e escrever é uma importante conquista na construção da cidadania. Toda nossa sociedade é centrada na escrita (sociedade grafocêntrica) e são legitimados os conhecimentos advindos desta. É fundamental se pensar em como democratizar este saber, oferecendo a todas as pessoas o acesso à leitura e à escrita e seus diversos usos sociais de modo que possam apropriar-se deles como sujeitos ativos e participantes. Deve haver um cuidado para não desconsiderar os saberes de grupos não alfabetizados, como adolescentes, jovens e adultos que passam, muitas vezes, por situações discriminatórias por não saberem ler e escrever. Certamente este preconceito e intolerância precisam ser combatidos e ser dado valor a todos os outros conhecimentos empíricos que tem cada indivíduo.

Se pudermos propiciar condições para a formação plena do indivíduo desde a mais tenra idade nos espaços de educação escolar e não formal, é possível que haja uma significativa redução nas desigualdades que ainda há em nosso país entre aqueles com oportunidade de acesso aos processos de alfabetização e os que deles são excluídos. Neste sentido, Freire (1994, p. 11) esclarece o ato de ler como aquele

> [...] que não se esgota na decodificação pura da palavra escrita ou da linguagem escrita, mas que antecipa e se alonga na inteligência do mundo. A leitura do mundo precede a leitura da palavra [...].

A preocupação com a alfabetização, portanto, permeia os processos educativos, sendo destaque no Ensino Fundamental, entretanto as crianças estão indo cada vez mais cedo para a escola, o que traz a discussão da temática para a Educação Infantil. Em 2013 foi aprovada a Lei nº 12.796, que torna obrigatório o ingresso das crianças na escola aos 4 anos de idade. Esta é uma lei polêmica, pois há pais e teóricos que defendem que a Educação Infantil deve ser um direito de a criança pequena frequentar a escola, mas não uma obrigação legal de as famílias matricularem seus filhos. De todos os modos, permanece a responsabilidade do poder público garantir e assegurar o direito da criança à Educação Infantil.

Nesse contexto, intensifica-se o debate sobre o risco de escolarização das crianças de 4 a 5 anos, tendo em vista a recente experiência com a aprovação da Lei nº 11.114/2005, que inseriu as crianças de 6 anos no 1º ano do Ensino Fundamental de 9 anos.

Se, por um lado, a intenção do governo foi garantir que todas as crianças tivessem assegurado um ano a mais de escolaridade, uma vez que somente o Ensino Fundamental era obrigatório, de outro lado, Arelaro (2011), Abramowicz (2006) e Kramer (2006), estudiosas do campo da infância e da Educação Infantil, destacam diversas preocupações com a inserção da criança de 6 anos numa escola que não está organizada em termos de estrutura física, mobiliário e currículo para oportunizar condições ao processo de desenvolvimento pleno da criança. Essas autoras evidenciam a necessidade de investimentos das políticas públicas, especialmente no que se refere a formação dos professores.

Ao longo desse período, as reinvindicações de pesquisadores, militantes da infância e de professores da Educação Básica foram ganhando força e gerando pressão política. Todo esse movimento reforçou as discussões sobre a importância de se pensar e criar condições adequadas nas escolas para o ingresso das crianças de 6 anos no ciclo I do Ensino Fundamental e suscitou a reflexão de que a infância não termina aos 6 ou 7 anos, mas se prolonga até os 10, 12 anos, o que exigiu um outro olhar para o currículo escolar. Há publicações disponíveis no portal on-line do Ministério da Educação (MEC), que comumente são enviadas impressas para as escolas públicas, tratando destes temas.

A luta para que os profissionais da educação e familiares compreendam os processos de alfabetização da criança está inserida na discussão de como a infância, a criança e o currículo são concebidos na e pela escola. Busca-se, portanto, um novo olhar a respeito da criança e sobre como ela aprende: do que necessita, o que a motiva, quais são seus interesses? Enfim, cabe ao professor indagar-se de como pode contribuir com a aprendizagem da criança. A mudança de paradigma proposta nos estudos de Ferreiro e Teberosky (1985), é justamente a de o adulto voltar-se para as crianças, dar-lhes ouvidos e perguntar-lhes o que pensam sobre a leitura e a escrita, acreditando que constroem conhecimentos acerca de como se escreve e como se lê.

Esta mudança nas práticas educativas vem ocorrendo dentro de um processo histórico. Os métodos de alfabetização no Brasil tiveram como marco a Proclamação da República, no final do século XIX, com a necessidade de se criar escolas em que se propagasse a cultura letrada, em prol de modernização e progresso.

Antes disso, no final do Império, conforme descreve Mortatti (2006), havia poucas salas multisseriadas em que os alunos utilizavam alguns materiais impressos vindos da Europa. O método de silabação utilizado iniciava-se com as letras e seus nomes, seus sons, as sílabas e finalmente, a palavra. As preocupações com a escrita giravam em torno da caligrafia e da ortografia.

No início do período republicano, as cartilhas elaboradas seguiam a mesma lógica, porém com uma diferença, a leitura ia da palavra para os valores fonéticos das letras. No século XX, surge o método analítico, baseado em teorias norte-americanas. Partia-se das "historietas" – conjunto de frases que montavam uma história – escritas nas cartilhas, que eram base para os processos de palavração e sentenciação.

Aos poucos estes métodos vão se misturando e se tornando ecléticos, apesar de ainda haver defensores de cada um, especificamente. Esse movimento se expressa nas cartilhas, que adotam o método misto, além de que começa a se relativizar a eficácia do método por si só, anexando às cartilhas, o manual do professor e, em paralelo, surge a preocupação com o "período preparatório" para a alfabetização, com atividades de percepção viso-motora para os pré-escolares, como contornos de desenhos, de pontilhados, de letras, de números, alinhavo, entre outras.

Devido ao fracasso da escola na alfabetização das crianças, esses métodos são revistos a partir de 1980. Com base nos estudos psicogenéticos de Ferreiro e Teberosky (1985), muda-se o paradigma educacional do método de ensino, para os processos de aprendizagem das crianças. Há críticas à cartilha e aos métodos de ensino que homogenizam, acreditando que todas as crianças aprendem da mesma forma, o que promoveu uma transformação nos livros didáticos, porém estes permanecem. O construtivismo passa a ser uma teoria legitimada pelas redes públicas e documentos oficiais na atualidade, mesmo sob críticas de alguns saudosistas do método tradicional.

Ferreiro e Teberosky (1985, p. 27) argumentam sobre a importância de se priorizar o sujeito cognoscente acima do método, afirmando que "[...] isso nos obriga – felizmente – a estabelecer uma clara distinção entre os passos que um método propõe, e o que efetivamente ocorre 'na cabeça' do sujeito". A psicogenética supõe ainda que o método pode facilitar ou mesmo dificultar a aprendizagem, somente a própria atividade do sujeito é capaz de criar o conhecimento, partindo das aprendizagens que já construiu. Sobre os pressupostos dessa teoria e de suas contribuições na educação de crianças da escola da infância é que o item a seguir irá tratar.

A leitura e a escrita na Educação Infantil: alguns conceitos

A questão da leitura e da escrita na Educação Infantil é objeto de diversas polêmicas, a principal delas é se devemos ou não alfabetizar nesta etapa da Educação Básica. Entende-se, aqui, que a questão está para além de poder ou não alfabetizar as crianças pequenas, mas como oferecer condições para que interajam com a cultura escrita. Diante disso, argumenta-se que as oportunidades educativas no campo da alfabetização se relacionam com a forma como os sistemas de ensino tratam esse tema na formação das crianças e como a escola pode reproduzir desigualdades socioeconômicas e culturais, gerando processos discriminatórios no que se refere às possibilidades de aprendizagens e desenvolvimento das crianças.

A Educação não é neutra. A opção que fazemos enquanto educadores sobre *o quê* e *como* vamos ensinar revela a favor *de quem* e *do quê* estamos, é, portanto, um ato político. "Entendemos então, facilmente, não ser possível pensar, sequer, a educação, sem que se esteja atento à questão do poder." (FREIRE, 1994, p. 24). Ao evidenciar as políticas de alfabetização na educação das crianças de 4 e 5 anos dos países latino-americanos, Ferreiro (2004, p. 37) explica:

> Em relação à alfabetização, as políticas relativas a esse nível educativo (impropriamente chamado pré-escolar) oscilam entre duas posições extremas: antecipar a iniciação da leitura e da escrita, assumindo alguns dos conteúdos (e, sobretudo, das práticas) que correspondem tradicionalmente ao 1º ano da escola primária, ou então – posição oposta – evitar que a criança entre em contato com a língua escrita.

A autora complementa dizendo que as escolas públicas se ocupam da socialização das crianças e de realizar exercícios de prontidão (perceptivo-motor), *impedido-as* de entrar em contato com a língua escrita com toda a sua complexidade e, por outro lado, as escolas particulares se ocupam de alfabetizar, *obrigando-as* a ler e escrever convencionalmente, antes dos 6 ou 7 anos, utilizando práticas tradicionais do Ensino Fundamental (FERREIRO, 2004).

Há uma perversidade nesta dicotomia, uma vez que historicamente são destinadas às crianças pobres os serviços de cuidado e assistência social, enquanto as crianças de classe média e alta passam por processos preparatórios para seu ingresso no Ensino Fundamental. Trata-se de

> Uma escolarização duplamente excludente, portanto, pois enquanto, para as primeiras, nega-se o direito ao conhecimento, para as segundas negam-se os direitos ao cuidado e ao brincar necessários a qualquer criança dessa faixa etária. (PANSINI; MARIN, 2011, p. 89)

Redefinir os objetivos para a alfabetização, sem adotar práticas escolarizantes do Ensino Fundamental, mas proporcionar às crianças experiências variadas com a leitura e a escrita é um caminho desejável para sua formação na Educação Infantil. Ferreiro (2004) afirma ainda que a única maneira de se construir uma aprendizagem é entrando em contato e interagindo com o objeto de conhecimento.

Oliveira (2014, p. 205) esclarece que a Educação Infantil tem o desafio de

> [...] democratizar o acesso às práticas de leitura e escrita presentes na cultura letrada, disponibilizando às crianças os conhecimentos e experiências necessárias para pensar sobre a própria língua.

Ressalta a autora que, no Brasil, esta responsabilidade é ainda maior, pois a escola pode ser a única oportunidade das crianças que não tem acesso à cultura letrada no ambiente familiar.

A Educação Libertadora de Paulo Freire possibilita, ao nosso ver, compreender a leitura e a escrita na escola da infância em uma perspectiva crítica, pois pode contribuir para que os profissionais dessa escola não reproduzam uma ideologia dominante de classes em suas práticas. Uma das maneiras de manter o compromisso político-pedagógico da escola pública com a construção de uma sociedade alfabetizada e alfabetizadora é oferecendo condições de formação e de trabalho para que o professor aposte na capacidade da criança de aprender para o máximo desenvolvimento de suas potencialidades humanas. Afinal, como afirma Freire (1994), a educação, ao mesmo tempo que reproduz a ideologia dominante, também é libertadora. Ressalvada a necessidade de não se confundir a prática educativa libertadora com o espontaneísmo, pois a prática espontaneísta é irresponsável.

Nessa linha de raciocínio, consideramos irresponsável a afirmação comum nas escolas, constatada por Ferreiro e Teberosky (1985, p. 26), de que se uma criança tem um bom desenvolvimento global: equilíbrio emocional, boa lateralidade, quociente intelectual normal, boa discriminação visual e auditiva, terá uma boa aprendizagem da leitura e da escrita. As autoras destacam a insustentabilidade de tal argumento, pois se é importante que se tenha um bom desenvolvimento, a lista de aptidões elencadas não remete a criança necessariamente à aprendizagem da linguagem lecto-escrita.

Freire (1994) declara que os alunos, no geral, não deviam ter que memorizar mecanicamente os conteúdos escolares, assim como a memorização do ba-be-bi-bo-bu, mas podem ser aguçados em sua curiosidade, de forma dinâmica e viva. Ao invés de reduzir o ensino às letras, sílabas e palavras, "enchendo" as cabeças consideradas "vazias", acreditar no educando enquanto sujeito em seu processo de alfabetização. Neste processo criativo, as palavras utilizadas para alfabetizar devem vir do universo vocabular deste grupo, carregadas de seus significados: sonhos, anseios, vivências.

Nessa perspectiva, as propostas de Oliveira (2014), baseadas na teoria psicogenética, sugerem que se trabalhe com a criança pequena a partir de seu próprio nome e dos colegas, de músicas infantis, brincadeiras cantadas, histórias, parlendas, regras de jogos, receitas, entre outros gêneros textuais que tem como função, entre outras que serão expostas ao longo deste estudo, o de ser parte do universo infantil. A seguir serão discutidas algumas propostas de leitura e escrita com crianças de 4 a 5 anos, na perspectiva de pesquisadores da área, da legislação e de políticas de formação para professores no Brasil.

Alfabetização de crianças de 4 e 5 anos: a questão da leitura e escrita

Ler para a criança é fundamental, mas não basta, pois há outros conhecimentos a serem explorados no processo de aquisição da leitura e da escrita. "Não há um modo de aprender a ler, senão lendo. E nem se pode aprender a escrever, senão escrevendo." (OLIVEIRA, 2014, p. 205). Sabe-se que aos 4, 5 anos a criança já constrói inúmeras hipóteses sobre como se lê e como se escreve. Portanto, ambos os conhecimentos precisam ser estimulados na Educação Infantil, de forma que a criança tenha a possibilidade de desenvolver em sua complexidade a linguagem escrita. Aliás,

> O contato com a leitura e a escrita, entretanto, não garante que todas as crianças leiam e escrevam autonomamente aos cinco anos. Tampouco isso é o objetivo desse segmento, o que, muitas vezes, não impede que isso ocorra. O que importa é garantir à criança a oportunidade de pensar sobre o assunto, de ter ideias próprias sobre como se lê e como se escreve e testar suas hipóteses. Assim recolocada, pode-se tomar como legítima a alfabetização como tema da Educação Infantil. (OLIVEIRA, 2014, p. 205)

Se a leitura e a escrita para esta faixa etária não forem bem compreendidas, as propostas de práticas exercerão uma influência empobrecedora neste processo tão importante e rico tanto para as crianças quanto para os professores. Para Ferreiro (2013, p. 33),

> Temos que auxiliar essas crianças em seu caminho para a alfabetização, mas levando em conta sua inteligência e não as tratando como ignorantes. Elas colocam questões legítimas – algumas delas de grande relevância epistemológica – ao pensar a escrita; a mesma escrita reduzida, banalizada e deformada pela tradição escolar, que converte didaticamente um objeto cultural complexo em um instrumento de codificação rudimentar.
>
> Alfabetizar, sim, mas sabendo que a criança, sujeito da aprendizagem, é um ser pensante; que a ação educativa pode apelar para a sua inteligência, exatamente para não inibir a reflexão nascente.

Ou seja, não é possível compreender a alfabetização como um processo limitado de aprendizagem de códigos e suas correspondências fonéticas, "[...]a alfabetização é um processo longo, que começa muito antes dos seis anos e que continua muito além da educação obrigatória" (FERREIRO, 2013, p. 42).

Paulo Freire (1994) destaca, ao rememorar sua própria experiência de alfabetização, o quanto a curiosidade de menino fez com que buscasse a compreensão da leitura e da escrita, e que isto não encurtou sua infância, ao contrário, fez parte da sua leitura de mundo e ampliou suas possibilidades.

A questão primordial, portanto, está no como fazer para trabalhar o processo de aquisição da leitura e da escrita, sem escolarizar, mesmo estando numa instituição formal de ensino. Neste sentido, as propostas de práticas são fundamentadas na perspectiva de um enfoque lúdico uma vez que, conforme afirma Oliveira (2014), as crianças brincam com as palavras.

Leitura e escrita: legislação e políticas de formação para professores

As propostas das políticas públicas do Ministério da Educação (MEC) de formação de professores para a alfabetização têm se pautado nos estudos de autores da abordagem denominada construtivismo.

Como há diferentes atores neste processo, é natural que haja críticas e polêmicas sobre cada programa, mas estes são significativos e de amplitude nacional. Os "Parâmetros Curriculares em Ação", no final dos anos 1990, o Programa de Formação de Professores Alfabetizadores (Profa), de 2001, e o Programa Nacional de Alfabetização na Idade Certa (PNAIC), de 2012, ainda em andamento, são exemplos de grandes programas nacionais de formação de professores para alfabetização.

Todos estes programas são destinados aos primeiros anos do Ensino Fundamental, não há nenhum material ou formação específica de alfabetização para a Educação Infantil. Porém nos materiais destinados a esta faixa etária, encontram-se conceitos e orientações para se tratar da temática.

No mesmo período dos Parâmetros Curriculares Nacionais (PCN) feitos para o Ensino Fundamental, o MEC elaborou, em 1998, os Referenciais Curriculares Nacionais (RCN) para a Educação Infantil. Este material está dividido por temas, sendo um deles aqui pertinente, contido no volume 3: "Linguagem oral e escrita", em que se explora a relação da criança com a linguagem, além de delinear objetivos, conteúdos e orientações para o trabalho do professor.

Mais recentemente, temos as Diretrizes Curriculares Nacionais, que por meio da Resolução nº 05/2009, no art. 9, inciso III, define que "Possibilitem às crianças experiências de narrativas, de apreciação e interação com a linguagem oral e escrita, e convívio com diferentes suportes e gêneros textuais orais e escritos" (BRASIL, 2009). Em nossa avaliação, o documento não orienta como realizar um trabalho pedagógico que vise desenvolver o processo de aquisição da leitura e da escrita.

Possibilitar experiências de narrativas, apreciação e interação com a linguagem oral e escrita pode ter muitos significados. O professor pode pensar que contando histórias – o que já é um grande avanço na Educação – e mostrando o livro para as crianças está atendendo às diretrizes. Conviver com diferentes suportes e gêneros textuais orais e escritos costuma ser mais nebuloso. Enfim, colocar os assuntos a serem trabalhados de forma tão ampla e ao mesmo tempo tão vaga, pode provocar inúmeras dúvidas e contradições.

A intenção, por outro lado, pode ser de dar autonomia para o professor trabalhar, porém isso enquanto política pública é um tanto complexo. O que se observa é que as atuais políticas públicas nesse campo não têm conseguido dar conta de tal complexidade, tendo definido como finalidade propor parâmetros com alcance em nível nacional para as propostas curriculares de Educação Infantil das diversas regiões do país, as quais possuem especificidades socio-econômica-geográfica-educacional-cultural, além de profissionais da educação com diferentes níveis de formação acadêmica – alguns ainda leigos ou com nível de escolaridade de Ensino Fundamental e Médio – e experiências docentes.

O documento das Diretrizes Nacionais Curriculares para a Educação Infantil traz uma prerrogativa importante ao indicar que:

> Na transição para o Ensino Fundamental a proposta pedagógica deve prever formas para garantir a continuidade no processo de aprendizagem e desenvolvimento das crianças, respeitando as especificidades etárias, sem antecipação de conteúdos que serão trabalhados no Ensino Fundamental. (BRASIL, 2010, p. 30)

Reitera, portanto, a necessidade de se pensar em práticas que possam assegurar a continuidade na aprendizagem das crianças, respeitando sua faixa etária, sem haver fragmentação entre as propostas curriculares da Educação Infantil e do Ensino Fundamental. É a respeito de possíveis práticas curriculares e pedagógicas no âmbito da leitura e da escrita com crianças de 4 e 5 anos, que mais especificamente trataremos a seguir.

Leitura e escrita: práticas curriculares e pedagógicas com crianças de 4 a 5 anos

Com base nas Diretrizes Curriculares Nacionais, a escola elabora seu currículo, fundamentado nas especificidades de sua comunidade, ao construir o Projeto Político-Pedagógico (PPP). O papel deste planejamento coletivo nas práticas pedagógicas de cada professor é ressaltado por Oliveira (2014, p. 41):

> Mas é importante lembrar que as práticas educativas não são oferecidas sem qualquer critério, de modo solto. Elas devem ser alinhavadas de acordo com o projeto pedagógico de cada unidade de Educação Infantil.

Discutir o PPP envolve conhecer a comunidade do entorno, suas características e expectativas, realizando planejamentos mais adequados àquelas crianças. Como as propostas de leitura e escrita para esta idade, estão intrinsecamente relacionadas ao repertório de tradições populares, como cantigas, brincadeiras cantadas, jogos, entre outros, saber o que já faz parte do universo destas crianças e buscar a ampliação destas experiências culturais, pode ser um interessante ponto de partida.

Para embasar a construção de propostas de leitura e escrita que irão compor o PPP de cada escola, serão destacadas abaixo algumas propostas de trabalho pedagógico considerando as experiências didaticamente organizadas em quatro eixos que se inter-relacionam: oralidade, leitura, escrita e produção de texto.

A oralidade é um eixo que merece especial atenção por ser tão significativa nesta faixa etária a ponto de criar melhores condições para o desenvolvimento do pensamento, conforme cita Oliveira (2014) ao explicar as contribuições de Vygotsky para a compreensão das relações entre pensamento e linguagem. A oralidade é um tema amplo e que por vezes se aproxima da alfabetização, mas, muitas vezes, tem objetivos próprios da linguagem oral. Considerando o objetivo aqui proposto de explorar as atividades que facilitam a aprendizagem da leitura e da escrita serão destacadas as situações de aprendizagem que favorecem especificamente estas reflexões ao enfocar as potencialidades da linguagem verbal no processo de aquisição da leitura e da escrita.

A Roda de Conversa é uma prática comum nas escolas de Educação Infantil e proporciona que a turma discuta temas e converse sobre as ações do dia, sendo necessário organizar a fala para um coletivo, porém é fundamental valorizar também as conversas informais das crianças com os adultos e entre elas próprias. A criança vivencia situações comunicativas nos momentos de brincadeiras livres e dirigidas, no parque, nas refeições, enfim, em todas as possibilidades de interação.

Trazer para a sala de aula o repertório cultural das crianças e ampliar suas experiências também contribui para o desenvolvimento da linguagem e tornará possível explorá-las em situações de leitura e escrita. As crianças brincam com as palavras, sendo que "as palavras e seus diferentes modos de dizer algo são fonte da curiosidade e da produção de significado pelas crianças" (OLIVEIRA, 2014, p. 173). Portanto, acessar o acervo popular brasileiro como fonte de brincadeiras ao propor brincadeiras cantadas, músicas infantis, cantigas de pular corda, piadas, parlendas, trava-línguas e quadrinhas, é garantir que esta herança permaneça e amplie as possibilidades do brincar.

As histórias também fazem parte do universo infantil, por isso ouvir e contar histórias, seja pelo professor, uma pessoa mais velha da comunidade, ou mesmo colegas da própria escola, traz este mundo mágico, em que as palavras são escolhidas estrategicamente para encantar, assustar, descrever ou emocionar. Vale destacar que o momento da história remete a emoções, como bem descreve Oliveira (2014, p. 191):

> Além da riquíssima herança deixada por sua cultura, a criança que escuta histórias ganha um colo simbólico. Quando organizamos uma roda, nos sentamos com as crianças ou as ninamos ao som de "era uma vez", estamos ajudando-as a construir o sentido de ouvir histórias pelas palavras de um adulto afetivo, além do enriquecimento de seu próprio repertório. Ainda que se sinta triste, com medo ou saudade

> de casa, perdida no meio de estranhos, poderá encontrar um aconchego, uma força, ao ouvir uma história bem contada.

Pode-se fazer muito mais do que contar histórias, pode-se preparar para contá-las: escolher um bom livro, chegar perto das crianças numa roda, embaixo de uma árvore, cuidar do tom de voz e da entonação, dar colo efetivamente, enfim, cuidar de como contar histórias é cuidar de cada um que está pronto para ouvi-las.

A partir das histórias, podemos introduzir a importância da leitura diária de histórias (textos literários como contos, fábulas e poemas) realizada em voz alta pelo professor, para sua turma. Ler, diferentemente de contar, proporciona o contato da criança com a linguagem escrita e suas marcas. Pode-se ler em voz alta também textos informativos, ler para pesquisar entre outras possibilidades de leitura que tenham função dentro do contexto dos projetos e atividades realizadas.

A leitura tem sido ressignificada na escola e na Educação Infantil, é cada vez mais comum encontrar professoras que leem histórias diariamente para suas crianças, porém há muito mais a que se explorar sobre o tema. Estas leituras precisam ser planejadas, tendo o professor uma intencionalidade clara, seja ao escolher um livro com qualidade para a leitura diária, seja para diversificar os gêneros textuais apresentados às crianças, ou mesmo ao propor atividades que as desafiem a tentar ler. Oliveira (2014, p. 208) propõe que diariamente se leia com as crianças: "[...] listas de nomes da sala para observar os presentes e ausentes, os aniversariantes da semana, os ajudantes do dia etc.", propiciando que passem a conhecer o seu nome e dos colegas.

No processo de aquisição da leitura e da escrita a criança elabora hipóteses de leitura, conforme explicita Ferreiro e Teberosky (1985). Este é um conhecimento conceitual, sobre o que a criança acredita que está escrito e o que se pode ler. Há uma fase, por exemplo, que ela acredita que se a palavra *leão* está embaixo do leão, realmente está escrito *leão*, porém, se na frente da criança se coloca a mesma palavra *leão* embaixo da imagem do macaco, passa-se a ler *macaco*, onde está escrito *leão*. Nesta fase a criança não considera a estabilidade da escrita, não considera que esta tem significado por si só.

Outra hipótese que as crianças constroem é a de que se escrevem somente os nomes, portanto, mesmo dizendo a ela uma oração escrita num cartão, ao perguntar o que está escrito, ela sugere apenas os substantivos. Aos poucos vai aceitando que escrevemos verbos e finalmente as partes menores, como os artigos.

É importante saber que constroem hipóteses sobre o que está escrito e o que se pode ler para observar a aprendizagem das crianças, além de dar indícios de como propor situações de aprendizagem e sondagens (atividades em que se sondam as hipóteses que as crianças estão construindo a respeito da leitura e da escrita) para que avancem em suas aprendizagens. A escrita de listas, por exemplo, por conter muitos substantivos, pode ser uma boa estratégia para se pedir que ela leia ou encontre palavras, destacando que as crianças precisam ser desafiadas em suas hipóteses para entrar em conflito e construir novas aprendizagens a partir de atividades difíceis, mas possíveis.

A criança pode buscar ler uma lista ou um texto de memória (músicas, parlendas e outros textos que sabe de cor) em busca de alguma informação solicitada ou realizar brincadeiras, como ao cantar a música *Se eu fosse um peixinho*, ser desafiada a tirar o nome de um amigo dos crachás que estão no chão ou numa caixa que simboliza "o fundo do mar". Estas atividades são propostas antes que a criança saiba ler, pois possibilita que utilize estratégias de leitura.

Qualquer leitor competente utiliza estratégias de leitura, o que nos faz ler com mais facilidade textos de conteúdos já conhecidos. Quando a criança ainda não sabe ler convencionalmente, pode ser estimulada a utilizar estas estratégias para tentar ler. Estas estratégias são: antecipação (quando se busca pistas nas letras, como ao comparar com uma letra de seu nome que já conhece, lembrando que lemos de forma global e não letra a letra), inferência (quando se busca pistas nas informações gerais, como imagens, título, estilo de um autor...), seleção (selecionando o que é importante) e verificação (a conferência do que foi lido).

As estratégias de leitura são úteis para poder realizar o procedimento da leitura e, por esta natureza procedimental, são aprendidas com o próprio uso. Ou seja, não é preciso ensinar o que elas são às crianças, mas ao propor que a criança leia e quando esta tentar ler estará utilizando estas estratégias, buscando pistas nas imagens e nas letras, selecionando informações importantes, como a primeira letra da palavra ou uma letra que a diferencia da outra palavra e verificando se suas suposições podem estar corretas.

O mais importante é saber que elas podem buscar pistas para ler antes de saber ler, acreditar no potencial das crianças, incentivá-las que podem tentar adivinhar o que está escrito – o que não era aceitável no método tradicional, pois acreditavam estar errado – e proporcionar situações em que sintam a necessidade de ler.

Tentar significa acertar umas vezes e errar outras, mas é o caminho para se construírem as aprendizagens, por isso o erro construtivo tem outra conotação, ele não impede de se alcançar as respostas certas, ao contrário, pode permitir os acertos posteriores, conforme afirmam Ferreiro e Teberosky (1985).

Pode-se ainda propor que manipulem livros, leiam para os colegas de sua turma ou de uma outra e investir em livros que brinquem com as palavras utilizando rimas, histórias de repetição (quando se repete sempre uma parte da história) ou acumulativa (quando as partes da história vão se acumulando a uma próxima), facilitando ler antes de saber ler convencionalmente ao ajustar suas tentativas de leitura ao texto escrito.

As propostas de escrita utilizam-se praticamente das mesmas estratégias. Escrever seu nome e dos colegas, tentar escrever sem ainda saber escrever convencionalmente, escrever textos que sabe oralmente de cor, como músicas e parlendas. As tentativas de escrita são chamadas de escrita espontânea, isto é, quando a criança escreve do seu jeito, sem precisar necessariamente chegar a escrita convencional, porém é importante que teste suas hipóteses, escrevendo com um colega ou em escritas coletivas. As letras móveis possibilitam que possam rever suas escritas, remontando ao longo do processo.

As hipóteses que as crianças constroem no processo de aprendizagem da escrita são chamadas de pré-silábica (quando ainda não se estabelece relação entre a letra e o som); silábica (quando escreve uma ou mais letras para cada som); alfabético (quando já se estabelece a relação do som de cada letra).

Aos poucos foi se criando outras fases de escrita entre estas, para explicar melhor as hipóteses das crianças, porém o importante a se destacar é que as crianças constroem muitos conhecimentos sobre como se escreve, inclusive na fase pré-silábica, em que pode escrever com símbolos, letras, mudar as letras de uma palavra para a outra com a intenção de escrever diferente etc. É necessário estar atento a como cada um escreve e como justifica sua escrita ao lê--la para a professora, sendo possível contribuir neste processo de aquisição da escrita.

Os nomes são utilizados neste processo como escritas estáveis. Ao reconhecer a escrita de seu próprio nome ou dos colegas da turma, com os quais tem contato diariamente, utiliza as escritas que já conhece para realizar novas escritas. Um exemplo é que, ao escrever uma lista de histórias já lidas para a classe, pode se deparar com o desafio de escrever "Cinderela" e recorrer a "Cintia", na lista de nomes da turma, para ver como se inicia a escrita desta palavra, uma vez que elas têm o mesmo som inicial.

Os mesmos objetivos estão presentes quando propomos que escrevam textos que sabem de memória, pois não precisam se preocupar com os aspectos discursivos, somente com como se escreve e quais letras vão utilizar, aprendendo sobre como se dá o Sistema Alfabético de Escrita.

O objetivo muda ao propor para a turma uma reescrita de contos, por exemplo, pois, uma vez que o professor é o escriba, as crianças tem como desafio se preocupar com os aspectos discursivos, ou seja, em como contar uma história por escrito. Neste caso, como esclarece Oliveira (2014), elas já conhecem a sequência dos fatos e a narrativa, tendo que se ater a linguagem que vão utilizar.

Podem também escrever outros tipos de texto, tendo o professor como escriba, como receitas, coletâneas de músicas, regras de jogos, entre outros. Estas práticas são importantes por proporcionarem às crianças possibilidades de produzir textos muito antes de poderem fazê-lo sozinhas. É possível realizar também as revisões de texto que vão ser expostos em cartazes ou impresso para as famílias, dando uma função social para esta importante etapa da produção de textos.

Ferreiro (2004, p. 39), reforça a necessidade de possibilitar interações com a língua escrita:

> É preciso dar oportunidade para o aluno interagir com a leitura e a escrita ao ler e escrever com ele, explorar semelhanças e diferenças entre textos escritos, distinguir entre desenho e escrita, tentar construir uma escrita, estimular a curiosidade para compreender essas marcas estranhas que os adultos usam.

O professor depara-se, então, com uma proposta de trabalho pedagógico que acredita no potencial das crianças, que considera que elas são capazes de produzir culturas e conhecimentos.

Considerações finais

Ao longo dos anos ocorreram muitas mudanças conceituais sobre como ensinar a aprender a ler e a escrever, portanto é um desafio para o professor que foi alfabetizado numa concepção de que cabe ao Ensino Fundamental a função de ensinar a leitura e a escrita e à Educação Infantil preparar a criança para um vir a ser.

Mudar essa concepção e as práticas a ela relacionadas significa para o professor reorientar seus modos de pensar e de agir no processo de ensino-aprendizagem. Nesse movimento, que sem dúvida é árduo e processual, a alfabetização passa a ser compreendida como um processo que se inicia nos primeiros contatos com o mundo letrado e percorre toda a vida, uma vez que sempre aprendemos mais sobre como se escreve e como se lê.

Considerando que a criança, neste processo de alfabetização, tem curiosidades sobre a língua que são próprias da faixa etária e não preparatórias para a próxima etapa escolar, temos outro desafio, muito maior do que aplicar um método de alfabetização, o de entender como as crianças aprendem e conhecer as hipóteses que cada um está formulando acerca de como se lê e de como se escreve.

Ao conhecer cada criança é possível propor desafios ajustados às suas necessidades para que continue se desenvolvendo no processo de aquisição da leitura e da escrita.

Para além destas questões temos ainda o desafio de acreditar no potencial das nossas crianças, propondo que se coloquem, desenvolvendo a oralidade, ouçam muitas histórias, tentem ler e escrever e que produzam suas próprias histórias, sejam elas reescritas de histórias conhecidas, ou criações de própria autoria. Até alguns anos atrás era impossível se pensar numa proposta destas, uma vez que o método tradicional defendia que se tinha que ensinar do simples para o complexo, primeiro as letras, depois as sílabas, as palavras, as frases e só ao final começariam a produzir textos.

Para finalizar temos ainda o desafio de realizar estas propostas de forma que se respeite a infância, valorizando a brincadeira e as interações. Por isso, considera-se a importância de se utilizar cantigas, parlendas, receitas, contos de fadas e outros gêneros que fazem parte do universo lúdico da criança.

Ao fortalecer práticas de leitura e escrita adequadas, que consideram e não negam à criança seus potenciais de desenvolvimento, é possível mediar suas aprendizagens e conduzi-las no encantamento de aprender a ler e escrever.

Referências

ABRAMOWICZ, Anete. Educação Infantil e a escola fundamental de 9 anos. *Olhar de professor*, Ponta Grossa, v. 9, n. 2, p. 317-325, 2006.

ARELARO, Lisete Regina Gomes; JACOMINI, Marcia Aparecida; KLEIN, Sylvie Bonifácio. O Ensino Fundamental de nove anos e o direito à educação. *Educação e Pesquisa*, São Paulo, v. 37, n.1, p. 35-51, jan./abr. 2011.

BRASIL. Presidência da República. *Lei nº 12.796*, de 04 de abril de 2013. Altera a LDB nº 9.394/96, tornando obrigatória a matrícula das crianças com 4 anos na Educação Infantil. Disponível em: <http://www.planalto.gov.br/CCIVIL_03/_Ato2011-2014/2013/Lei/ L12796.htm>. Acesso em: 15 out. 2013.

______. *Diretrizes curriculares nacionais para a Educação Infantil.* Secretaria de Educação Básica. Brasília: MEC, SEB, 2010.

______. Presidência da República. *Resolução nº 05*, de 17 de dezembro de 2009, que fixa as Diretrizes Curriculares Nacionais para a Educação Infantil. Disponível em: <https://www.google.com.br/?gws_rd=ssl#q=resolu%C3%A7%C3%A3o+5+diretrizes++curriculares+nacionais+educa%C3%A7%C3%A3o+infantil>. Acesso em: 12 maio 2015.

______. Presidência da República. *Lei nº 11.114,* de 16 de maio de 2005. Altera os arts. 6º, 30, 32 e 87 da Lei nº 9.394, de 20 de dezembro de 1996, com o objetivo de tornar obrigatório o início do Ensino Fundamental aos seis anos de idade. Disponível em: <http://www.planalto.gov.br/ccivil_03/_Ato2004-2006/2005/Lei/L11114.htm>. Acesso em: 15 maio 2015.

______. *Programa de Desenvolvimento Profissional Continuado*: alfabetização. Parâmetros em Ação. Ministério da Educação, Secretaria de Ensino Fundamental. Brasília: MEC/SEF, 1999.

______. *Referencial Curricular Nacional para a Educação Infantil.* Ministério da Educação e do Desporto, Secretaria de Educação Fundamental. Brasília: MEC/SEF, 1998.

______. MEC. *Parâmetros Curriculares Nacionais de 1ª a 4ª séries.* Disponível em: <http://portal.mec.gov.br/busca-geral/195-secretarias-112877938/seb-educacao-basica-2007048997/12640-parametros-curriculares-nacionais-1o-a-4o-series>. Acesso em: 13 set. 2015.

______. MEC. *Programa de Formação de Professores Alfabetizadores – Profa.* Disponível em: <http://portal.mec.gov.br/secretaria-de-educacao-basica/publicacoes?id=12624:ensino-fundamental>. Acesso em: 13 set. 2015.

______. MEC. *Pacto pela Alfabetização na Idade Certa.* Disponível em: <http://pacto.mec.gov.br>. Acesso em: 13 set. 2015.

FERREIRO, Emilia; TEBEROSKY, Ana. *A psicogênese da língua escrita.* Tradução de Diana Myriam e Lichtenstein, Liana Di Marco e Mario Corso. Porto Alegre: Artmed, 1985.

FERREIRO, Emilia. *Com todas as letras.* Tradução de Maria Zilda de Cunha Lopes, retradução e cotejo de textos por Sandra Trabucco Valenzuela. 12. ed. Porto Alegre: Cortez, 2004.

______. *O ingresso na escrita e nas culturas do escrito*: seleção de textos de pesquisa. Tradução de Rosana Malerba. São Paulo: Cortez, 2013.

FREIRE, Paulo. *A importância do ato de ler em três artigos que se completam.* 29. ed. São Paulo: Cortez, 1994.

KRAMER, Sonia. As crianças de 0 a 6 anos nas políticas educacionais no Brasil: Educação Infantil e/é Fundamental. *Educação e Sociedade*, Campinas, v. 27, n. 96, Especial, p. 797-818, out. 2006.

MORTATTI, Maria Rosário Longo. *História dos métodos de alfabetização no Brasil.* Conferência proferida durante o Seminário "Alfabetização e letramento em debate", promovido pelo Departamento de Políticas de Educação Infantil e Ensino Fundamental da Secretaria de Educação Básica do Ministério da Educação, realizado em Brasília, em 27/04/2006. Disponível em: <http://portal.mec.gov.br/seb/arquivos/pdf/Ensfund/alf_mortattihisttextalfbbr.pdf>.Acesso em: 13 maio 2015.

PANSINI, Flávia; MARIN, Aline Paula. O ingresso de crianças de 6 anos no Ensino Fundamental: uma pesquisa em Rondônia. *Educação e Pesquisa*, São Paulo, v. 37, n.1, 220 p. 87-103, jan./abr. 2011.

OLIVEIRA, Z. R. (Org.). *O trabalho do professor na Educação Infantil.* 2. ed. São Paulo: Biruta, 2014.

Projeto Ler e Escrever: práticas de alfabetização com crianças de 6 anos

Amanda Maria Franco Liberato[1]

Introdução

Ingressei no curso de Pedagogia na Universidade Nove de Julho (Uninove) no ano de 2007 e, no terceiro semestre, cursei a disciplina Fundamentos da Alfabetização, fato esse que despertou o meu interesse em atuar como professora alfabetizadora.

Em fevereiro de 2008, participei de um processo seletivo ocorrido na universidade para ingressar como aluna pesquisadora no Programa Ler e Escrever que tem como principal ação o Projeto Escola Pública e Universidade na Alfabetização, conhecido como Bolsa Alfabetização do Governo do Estado de São Paulo. Nesse mesmo ano, iniciei como aluna pesquisadora na EE Professor José Bartocci, pertencente à Diretoria Leste 1 e lá permaneci por dois anos.

Na universidade, participei ativamente das reuniões de formação do Projeto Ler e Escrever. Nelas, tive a oportunidade de discutir diferentes teóricos que embasam a alfabetização, os registros e as inquietações observadas na sala de aula da escola.

Como aluna-pesquisadora, trabalhei com colegas que sequer recebiam formação por parte das universidades nas quais estudavam. Atualmente, como profissional, vivencio a mesma situação. Trata-se, portanto, de algo preocupante, pois são estes alunos que em breve irão alfabetizar. A fim de aprofundar meus estudos a esse respeito, em 2014 ingressei no Programa de Mestrado em Gestão e Práticas Educacionais (Progepe).

---

1. Mestre em Educação pela Universidade Nove de Julho (Uninove) e graduada em Pedagogia com especialização em Alfabetização Escrita e Numérica pela mesma universidade. Atuou como aluna pesquisadora do Programa Ler e Escrever – Bolsa Alfabetização do Governo do Estado e São Paulo (2008 e 2009). É professora PEB I no Governo do Estado de São Paulo desde maio de 2010. E-mail: amandaliberato10@yahoo.com.br.

O presente capítulo é um excerto desse trabalho e tem por objetivo delinear os principais pontos do Programa Ler e Escrever, articulando-o com as concepções de alfabetização construtivistas, já que trata-se da concepção na qual o Programa está pautado, além de trazer um breve relato de minha experiência no papel de professora alfabetizadora. Está organizado da seguinte maneira: no primeiro momento discutimos os pressupostos do construtivismo; em seguida, apresentamos o Programa Ler e Escrever, com ênfase no Projeto Bolsa Alfabetização, com objetivo de contextualizar os fundamentos do projeto; e, finalmente, apresentamos uma experiência da pesquisadora no que diz respeito à prática da alfabetização, voltada para as crianças de 6 anos de idade.

Pressupostos do construtivismo: concepções de alfabetização

Devido as novas urgências políticas e sociais que impulsionaram mudanças na educação, cuja finalidade era enfrentar o fracasso da alfabetização das crianças, introduziu-se no Brasil, em meados da década de 1980, o pensamento construtivista sobre alfabetização, resultantes de pesquisas sobre a Psicogênese da Língua Escrita desenvolvidas pela pesquisadora argentina Emília Ferreiro e colaboradores.

Vale destacar que atualmente temos a institucionalização do construtivismo no Brasil, desta forma, está presente nos Parâmetros Curriculares Nacionais (PCNs), ficando evidente sua importância no cenário da alfabetização no país.

Segundo Mortatti (2006), o construtivismo não deve ser entendido como um novo método de ensino, e sim como uma "revolução conceitual", uma vez que objetiva nova maneira de alfabetizar, abandonando os métodos tradicionais de ensino.

Nesta perspectiva, autoridades educacionais e pesquisadores se esforçam para instrumentalizar os professores alfabetizadores, divulgando inúmeros materiais, a saber: artigos, teses, livros, vídeos, sugestões metodológicas, relatos de experiências bem-sucedidas e ações de formação continuada, a fim de institucionalizar na rede pública de ensino, a prática do construtivismo. Ocorre, então, a divisão entre os praticantes dessa proposta e os que ainda optam pela prática pedagógica tradicional.

Muitos que optam pela segunda vertente criticam a primeira como sendo a responsável pela defasagem em que muitos alunos se encontram. Quanto a isso, vale lembrar que a proposta construtivista foi mal conduzida em sala de aula, pois à época de sua implantação os professores não receberam formação alguma e da noite para o dia tiveram de modificar sua atuação pedagógica, o que causou danos a eles e às crianças, uma vez que modificou-se a forma de ensinar, de avaliar e de corrigir o erro como se este fosse o mal da escola.

Entendemos que tal proposta vem ao encontro de uma educação problematizadora contrária à educação bancária, criticada duramente por Paulo Freire. O autor entendia a educação como uma libertação, ou seja, que por meio da aprendizagem o aprendiz teria condições de se tornar um sujeito crítico, autônomo e consciente de seu papel na sociedade e, na nossa forma de entender, esse processo inicia-se na infância. Nesta concepção, alfabetizar significa permitir que a criança se expresse e, assim, amplie sua capacidade de refletir sobre as questões que estão ao seu redor, portanto, o ensino da escrita não se limita na grafia das palavras, mas no significado a elas atribuído, por meio dos "saberes da experiência feito" da criança.

> [...] a escola, está aumentando a distância entre as palavras que lemos e o mundo em que vivemos. Nessa dicotomia, o mundo da leitura é só o mundo do processo de escolarização, um mundo fechado, isolado do mundo onde vivemos experiências sobre as quais não lemos. Ao ler palavras, a escola se torna um lugar especial que nos ensina a ler apenas as "palavras da escola", e não as "palavras da realidade". O outro mundo, o mundo dos fatos, o mundo da vida, o mundo no qual os eventos estão muito vivos, o mundo das lutas, o mundo da discriminação e da crise econômica (todas essas coisas estão aí), não tem contato algum com os alunos na escola através das palavras que a escola exige que eles leiam. Você pode pensar nessa dicotomia como uma espécie de "cultura do silêncio" imposta aos estudantes. A leitura da escola mantém silêncio a respeito do mundo da experiência, e

o mundo da experiência é silenciado sem seus textos críticos próprios. (FREIRE, 1986, p. 85)

Endossando as palavras de Freire, Leite (2010, p. 109) complementa que:

> Na prática, tudo isso implica não só abrir a escola para os usos sociais cada vez mais articulados aos objetivos escolares, mas também superar a mediocridade do ensino centrado nas letras, admitindo de uma vez por todas a complexidade dessa aprendizagem.

Afinal, as crianças começam a falar palavras e, em seguida, frases e não as letras. Há uma passagem interessante em que Freire (2015, p. 113) diz o seguinte:

> [...] quando o neném chora e diz mamã, o neném estará querendo dizer: *Mamãe, tenho fome* ou *Mamãe, estou molhado.* Estas palavras com que os bebês começam a falar se chamam "frases monopalábricas", isto é, frases de ou com uma só palavra. Pois bem, se é assim que todos nós começamos a falar, como, então, no momento de aprender a escrever e a ler, devemos começar através de *decoração* de letras? (Grifos do autor)

Isso significa que não ensinamos as crianças a falarem, elas aprendem no mundo, no lar, na sociedade, na rua, no bairro, na escola, portanto, a fala é adquirida socialmente. A fala é anterior à escrita, "[...] assim como uma certa "escrita" ou o anúncio dela vem muito antes do que a gente chama escrita. E assim como é preciso falar para falar, é preciso escrever para escrever [...] (FREIRE, 2015, p. 114).

Dessa forma, o autor ressalta que o professor deve estimular as crianças para que falem e para que escrevam. Devemos elogiar as garatujas para que elas, sem medo, partam para a escrita convencional.

Fica evidente, então, que o ensino centrado apenas na decodificação de palavras não leva o aluno à reflexão da língua, portanto, os autores citados pensaram o processo de alfabetização de uma maneira diferente, ou seja, partindo das vivências dos alunos, instigando-os, uma vez que a proposta é torná-la significativa para o aprendiz.

> Ao longo dos últimos anos, com a revisão da concepção de língua e dos processos cognitivos, os educadores foram sendo obrigados a abrir mão das cartilhas e dos métodos alfabetizadores entendidos na sua conotação mais restrita, isto é, das prescrições definidas *a priori* que marcavam o passo a passo da aprendizagem. [...] De um projeto prescritivo e supostamente previsível que se desenvolvia como resultado necessário do ensino das letras, sílabas e palavras, a alfabetização passou a ser consequência de uma rede de estímulos, propostas e provocações em um ambiente bastante letrado: a sala de aula. (LEITE, 2010, p. 116)

Assim, cabe à escola proporcionar momentos de leitura e escrita com o uso da imaginação, mesmo que as crianças ainda não tenham total domínio, enfatizando a elas a importância destas atividades escolares, tão presentes em nosso cotidiano.

A concepção construtivista baseia-se no professor como mediador do conhecimento, levando em consideração a vivência empírica dos seus alunos, propondo atividades desafiadoras e significativas para eles, o que possibilita a aprendizagem. O aluno é visto como sujeito do processo, participando ativamente do desenvolvimento de suas habilidades e competências, construindo o saber com a mediação do professor. Ao contrário da pedagogia tradicional, o aluno tem voz e suas inquietações são partilhadas em sala de aula, onde o coletivo ganha força. Afinal, como diz Freire, a leitura do mundo é anterior à leitura da palavra.

A criança em processo de alfabetização se apropria dos conceitos e habilidades de ler e escrever, percorrendo um longo caminho entre a hipótese pré-silábica – na qual se utiliza de desenhos, rabiscos, letras aleatórias ou outros sinais gráficos, para representar sua escrita – e a hipótese alfabética – em que a criança tem domínio da escrita, compreendendo que as palavras escritas representam as palavras faladas, fazendo correspondência de letras e sons.

Neste processo, o papel do educador é ampliar o vocabulário desta criança através de diferentes materiais disponíveis em sala de aula, isto é, oferecer os instrumentos necessários à alfabetização, requer contato com diversos gêneros literários, atividades significativas de leitura e escrita, momentos de troca com os pares, sempre mediados pelo professor, além de atividades que levem à reflexão do sistema de escrita.

Podemos entender alfabetização pela ótica construtivista, a qual propõe que leitura e escrita são processos que fazem parte do cotidiano, desempenhando funções sociais. Emília Ferreiro na obra *Com todas as letras* elenca cinco objetivos da alfabetização de crianças, a saber:

> – compreensão do modo de representação da linguagem que corresponde ao sistema alfabético de escrita;
> – compreensão das funções sociais da escrita, que determinam diferenças na organização da língua escrita e, portanto, geram diferentes expectativas a respeito do que se pode encontrar por escrito nos múltiplos objetos sociais que são portadores de escrita (livros diversos, jornais, cartas, embalagens de produtos comestíveis ou de medicamentos, cartazes na rua etc.);
> – leitura compreensiva de textos que correspondem a diferentes registros de língua escrita (textos narrativos, informativos, jornalísticos, instruções, cartas, recados, listas etc.) enfatizando a leitura silenciosa mais que a oralidade convencional;
> – produção de textos respeitando os modos de organização da língua escrita que correspondem a esses diferentes registros;
> – atitude de curiosidade e falta de medo diante da língua escrita. (FERREIRO, 2003, p. 23-24)

Sob essa ótica, dados os instrumentos necessários, a criança desenvolve sua autonomia e criticidade desde pequena, acompanhados com os conhecimentos herdados da socialização primária, ou seja, levando-se em consideração o que a criança já sabe quando inicia seu processo de escolarização. Mas não podemos nos esquecer das crianças cuja socialização primária não foram priorizadas a leitura e a escrita, seja por conta da ausência familiar ou, também, porque os pais não são alfabetizados. Diante disso, Ferreiro (2003, p. 23) afirma que:

> [...] há crianças que chegam à escola sabendo que a escrita serve para escrever coisas inteligentes, divertidas ou importantes. Essas são as que terminam de alfabetizar-se na escola, mas começaram a alfabetizar-se muito antes, através da possibilidade de entrar em contato, de interagir com a língua escrita. Porém há outras crianças [...] que necessitam da escola para apropriar-se da escrita. Essas práticas escolares, entretanto, não lhes permitem apropriar-se de nada: acabam por ser meras reprodutoras de signos estranhos.

É importante que a criança compreenda o porquê dos conteúdos trabalhados, relacionando-os com sua realidade. Desta maneira, o ensino torna-se significativo, já que a criança chega às salas de aula com uma bagagem cultural advinda de seu meio social e inseridos em uma cultura letrada. O fato de a criança enxergar a escola como um mundo à parte da sua realidade, muitas vezes causa desmotivação e desinteresse nos estudos, o que pode ser um ponto determinante para seu sucesso ou fracasso na vida escolar. No que diz respeito ao fracasso da alfabetização no Brasil, Mendonça (2011, p. 121) aponta alguns pontos cruciais para este cenário que vivemos, a saber:

> [...] além de problemas estruturais das escolas, como a falta de material, bibliotecas, livros, e os baixos salários dos professores, existem outros determinantes da situação atual de fracasso. Entre eles, destaca-se o fato de que quem dita as regras da alfabetização, elaborando propostas a serem aplicadas em sala de aula, conhece alfabetização apenas na teoria, não tendo, portanto, a prática.

> Outro fator é o de que o alfabetizador não vem recebendo uma formação científica que o possibilite atuar criticamente na análise dos materiais que recebe, nem de elaborar estratégias de alfabetização, pois aceita as propostas elaboradas por "alfabetizadores teóricos", mesmo sabendo que não surtirão bons resultados.

O fracasso escolar apresentado por nossas crianças é decorrente de uma série de fatores, dentre eles destacamos a falta de formação adequada dos professores, uma vez que recebem materiais e propostas de ensino e muitos os utilizam em sala de aula sem questionar e sem adequar à realidade de seus alunos. Salientamos também a importância de conhecer tanto a teoria quanto a prática na elaboração de materiais direcionados à alfabetização.

Projeto Ler e Escrever[2]: alfabetização nos anos iniciais do Ensino Fundamental

Entre os anos de 1995 e 2005, bienalmente, foram aplicadas avaliações com o intuito de observar o nível de aprendizagem dos alunos, os resultados foram tabulados com a finalidade de oferecer subsídios para mudanças nas políticas públicas, cujo objetivo é universalizar o acesso à educação, bem como torná-la igualmente de qualidade a todos.

Dentre os diferentes instrumentos utilizados para apontar o desempenho acadêmico dos alunos, podemos destacar o Sistema Nacional de Avaliação da Educação Básica (Saeb). Analisando os resultados obtidos nas provas aplicadas durante esse período, observamos que houve uma queda dos índices de aprendizagem na educação brasileira, bem como nos índices referente ao Estado de São Paulo.

Destacamos, também, que no ano de 2005, no que diz respeito às escolas da Rede Estadual da Região Metropolitana de São Paulo (RMSP), cerca de 30% dos alunos chegavam ao final da 1ª série sem saber escrever convencionalmente.

2. Para saber mais acesse: http://lereescrever.fde.sp.gov.br.

Políticas públicas de alfabetização foram instituídas desde a década de 1980 como medidas para minimizar os problemas, tais como: os alunos frequentam a escola, mas aprendem pouco; a escola, por vezes, forma analfabetos funcionais; os alunos se alfabetizam tardiamente, acabam por se desmotivar e muitos não concluem o Ensino Fundamental.

Em função disso, no ano de 2007, o então governador do Estado de São Paulo, José Serra, lançou um plano para a educação paulista que apresentava 10 ações para atingir 10 metas até o ano de 2010. As metas 1 (todos alunos de 8 anos plenamente alfabetizados) e 4 (implantação de programas de recuperação de aprendizagem nas séries finais de todos ciclos (2ª , 4ª e 8ª séries do Ensino Fundamental e 3ª série do Ensino Médio) corroboram com os objetivos do Programa Ler e Escrever.

No mesmo ano, a Secretaria da Educação do Estado de São Paulo (SEE) iniciou uma ação com a finalidade de melhorar a qualidade do ensino, instituindo o Programa Ler e Escrever, cujo objetivo era alfabetizar todas as crianças de oito anos de idade matriculadas regularmente nas escolas estaduais até o final de 2010, bem como oferecer todo o suporte necessário para a recuperação dos demais alunos da rede, visando à formação de leitores e escritores autônomos.

No segundo semestre do ano de 2007, adotou-se o Bolsa Alfabetização cuja finalidade era formar professores alfabetizadores para que o Programa se estendesse para todas as salas de aula no ano de 2008. Atualmente, o Ler e Escrever atinge todas as escolas da rede estadual.

Para tanto, destacamos os objetivos que regem o Programa Ler e Escrever:

> 1. Apoiar o professor coordenador em seu papel de formador de professores dentro da escola;
> 2. Apoiar os professores regentes na complexa ação pedagógica de garantir aprendizagem de leitura e escrita a todos os alunos, até o final da 2ª série do Ciclo I/EF;

3. Criar condições institucionais adequadas para mudanças em sala de aula, recuperando a dimensão pedagógica da gestão;
4. Comprometer as universidades com o ensino público;
5. Possibilitar a futuros profissionais da Educação (estudantes de cursos de Pedagogia e Letras), experiências e conhecimentos necessários sobre a natureza da função docente, no processo de alfabetização de alunos do Ciclo I/EF. (Fonte: lereescrever.fde.sp.gov.br)

O Programa Ler e Escrever elaborou e distribuiu materiais didáticos e pedagógicos para professores e alunos do 1º ao 5º ano do Ensino Fundamental I, são eles: Guia de Orientações Didáticas (professores) e Coletânea de Atividades (alunos), além de desenvolver formação continuada a fim de acompanhar o trabalho pedagógico das escolas, por intermédio dos coordenadores, gestores e pela equipe de formadores das Diretorias Regionais de Ensino.

Nesse sentido, Constancio (2012, p. 18) aponta que:

> [...] A intensa ingerência da Secretaria de Estado da Educação acerca da utilização do material didático do Programa Ler e Escrever [...] para a preparação das aulas pode ser justificada a partir da compreensão de que o governo, em nome de promover a qualidade do ensino, faz com que o professor não pense com a necessária profundidade para preparar as aulas, impondo-o a apenas executar o que foi elaborado pelo próprio governo, definido como o ideal.

Entendemos que a obrigatoriedade da utilização de materiais didáticos "controla e manipula os professores e os torna mero instrumento de trabalho", pois utilizar os materiais sem reflexão crítica sobre a proposta e/ou atividades, contribui para a alienação do professor no que diz respeito à sua própria prática (CONSTANCIO, 2012, p. 18).

Uma das principais ações do programa Ler e Escrever é o Projeto Escola Pública e Universidade na Alfabetização – Bolsa

Alfabetização criado pelo Decreto nº 51.627, de 1º de março de 2007. O Bolsa Alfabetização prevê a participação de estudantes dos cursos de Pedagogia e Letras nas salas de alfabetização (classes de PIC e 2º ano / 1ª série), conhecidos como alunos-pesquisadores (APs)[3], que atuam em conjunto com professores da rede pública estadual. Os alunos-pesquisadores auxiliam os professores regentes no atendimento às crianças em processo de alfabetização e na organização das aulas, caracterizando, assim, o segundo professor em sala de aula.

Constancio (2012, p. 30) entende esse projeto como:

> [...] um mecanismo político-ideológico porque em vez de a Secretaria de Estado da Educação diminuir o número de alunos por sala, a fim de possibilitar ao professor ocupar-se utilmente de cada aluno, dando a atenção necessária para que o processo de alfabetização seja eficiente, ela insere alunos universitários atribuindo a eles uma função para qual, muitas vezes, podem não estar preparados. Além disso, há de apontar para o fato de que a presença do aluno universitário nas salas do 2º ano não está garantida para toda a rede, pois depende dos convênios assinados com as universidades e do interesse dos alunos em participar do projeto.

Assim, o governo, em seu discurso, refere-se ao aluno-pesquisador como sendo um segundo professor nas salas de alfabetização, e, no entanto, a realidade é diferente, pois os APs chegam às salas de alfabetização sem conhecimento prévio da prática docente, pois alguns deles ainda estão no início da graduação e desconhecem as disciplinas voltadas à didática e metodologia do ensino.

Para tanto, destacamos os objetivos do Projeto:

> a) aprimorar a formação inicial dos estudantes dos cursos de Pedagogia e de Letras, possibilitando-lhes atuar como

3. Estudantes dos cursos de Pedagogia e Letras que atuam, em parceria com os professores regentes, nas salas de alfabetização em escolas da rede pública.

docentes da rede pública de ensino, tendo conhecimento de tal realidade;
b) favorecer o acesso à leitura e à escrita a todos os alunos do 2º ano ou de classes do mesmo ciclo, voltadas à recuperação da aprendizagem;
c) comprometer as Instituição de Ensino Superior (IES) com a causa do ensino público.

A proposta do Projeto Bolsa Alfabetização é propiciar a vivência empírica dos futuros professores em sala de aula de alfabetização, possibilitando que esses alunos pesquisadores façam uma análise crítica da realidade. O objetivo é instigá-los a pensar na alfabetização como processo, além de oferecer os instrumentos técnicos necessários.

> [...] Portanto, além de atuar efetivamente na melhoria das condições de alfabetização oferecidas às crianças do ensino público paulista, o Programa contribui para a formação de futuros professores para o Ensino Fundamental. [...] (Fonte: lereescrever.fde.sp.gov.br)

O Projeto Escola Pública e Universidade na Alfabetização – Bolsa Alfabetização insere o aluno-pesquisador em atividades cotidianas de uma sala de aula. Mediado pela professora regente, o AP observa as práticas de leitura e escrita, sendo de grande valia para sua formação inicial. Segundo Vercelli (2013, p. 101):

> os alunos pesquisadores apontam que é por meio da experiência que os conceitos teóricos fazem sentido. Ressaltam que a postura da professora regente os leva a apreender atitudes e comportamentos que, para eles, devem ou não ser incorporados por uma profissional de educação [...].

Entendemos, então, que é um momento significativo, uma vez que muitos alunos da graduação chegam às escolas, depois de formados, sem um contato prévio com o ambiente escolar. Portanto, o Projeto Ler e Escrever desenvolvido pelas Instituições de Educação Superior (IESs) contribui na formação inicial de futuros professores alfabetizadores, à medida que propicia a vivência empírica de uma sala de aula. Vale destacar que as IESs contam com professores formadores, cuja incumbência é possibilitar a reflexão crítica sobre as questões relacionadas ao processo de alfabetização e sobre a diversidade que a escola apresenta.

> É preciso que desde sua formação inicial o professor possa vivenciar essa experiência com a pesquisa, tendo por cenário a escola real, viva e pulsante para poder aprender a observar, descrever e analisar as situações de aprendizagem, a explicitar a prática por meio de registros escritos, a tomar consciência do que faz, a interiorizar procedimentos, a identificar e construir novos modelos de ação didática que se tornem produtivos para a aprendizagem dos alunos, a conviver com a heterogeneidade presente em toda sala de aula, a reformular sua prática quando necessário, enfim a comprometer-se com a própria formação. (LAURITI, 2013, p. 242)

A fala de Lauriti (2013) nos remete ao tripé que toda universidade deve se pautar: ensino, pesquisa e extensão, portanto é relevante que esta parceria seja realizada em prol da profissionalização dos futuros professores, e, consequentemente, o aperfeiçoamento da relação teoria e prática.

O Programa Ler e Escrever faz uma ponte entre a escola básica e a universidade, o que propicia ao aluno pesquisador vivenciar a relação entre a teoria e a prática. Portanto, as reuniões de formação nas IES deveriam fazer consonância com a realidade que os APs vivenciam nas escolas para que eles possam compreender como o processo de alfabetização se desenvolve.

No que diz respeito às reuniões de formação, na legislação do Programa, constam temas para serem abordados com os alunos pesquisadores, entre eles: a importância da escolha da bibliografia a ser estudada, como serão feitas as orientações após o registro das observações e impressões dos alunos pesquisadores; como preparar o aluno pesquisador para atuar em parceria com o professor regente;

como será feita a escolha dos temas de pesquisa, bem como o acompanhamento do processo de desenvolvimento deste aluno e, principalmente, leituras referentes aos processos de alfabetização e letramento. Além disso, as IES, anualmente, precisam elaborar um plano de trabalho, seguindo as orientações do Programa, a fim de renovarem a parceria com o governo do Estado de São Paulo.

Os alunos-pesquisadores, ao longo do ano letivo, têm a possibilidade de desenvolver uma pesquisa didática de cunho qualitativo por meio da observação, registro, análise e reflexão da prática vivenciada em sala de aula, contando com a mediação da professora regente e da professora orientadora da instituição na qual estuda, a fim de levar para as instituições formadoras os problemas relacionados à didática da alfabetização.

> [...] A investigação didática tem ganhado cada vez mais importância na formação docente. Por meio de experiências concretas de investigação, da realização de pequenas indagações, da delimitação de problemas didáticos, da formulação de hipóteses, da análise de informações sobre determinado problema, os alunos pesquisadores aproximam-se dos procedimentos de investigação didática. O objetivo não é formar pesquisadores teóricos, e sim, bons professores. (fonte: lereescrever.fde.sp.gov.br)

Portanto, os registros servirão de material para a reflexão das APs e para a elaboração da pesquisa didática investigativa, pois o Programa propõe quatro temas que podem ser escolhidos de acordo com o foco da observação do AP, a saber: Rotina de leitura e de escrita; Leitura feita pelo professor; Produção oral com destino escrito e cópia e ditado (ressignificação da cópia).

Pelos temas elencados, observamos que é necessário propiciar às crianças pequenas diversas situações de leitura e escrita que levem à reflexão do sistema de escrita e aos usos e funções da língua. Portanto, "a escola e, sobretudo, o professor são responsáveis por inserir os alunos no universo da cultura escrita [...]" (APARÍCIO, 2013, p. 101).

Uma prática de alfabetização com crianças de 6 anos

Bräkling (2014) aponta que nas últimas três décadas muito se tem falado sobre a importância da leitura, pois a autora entende que se trata de um aspecto fundamental para a vida em uma sociedade "grafocêntrica". De acordo com as necessidades, "[...] tem sido colocadas para a escola, dada a sua finalidade institucional de educar que, nesse contexto, deve prever a formação de cidadãos efetivamente leitores" (BRÄKLING, 2014, p. 303).

Desta forma, a escola assume o papel de desenvolver a competência leitora de seus alunos, dando-lhes os instrumentos necessários a essa prática. Ferreiro (2003, p. 33) salienta que

> [...] em cada classe de alfabetização deve haver um "canto ou área de leitura" onde se encontrem não só livros bem editados e bem ilustrados, como qualquer tipo de material que contenha escrita [...].

Assim, entendemos a importância de a criança estar em contato com um ambiente letrado a fim de facilitar sua aprendizagem durante o processo de alfabetização, pois muitas crianças não têm esse ambiente alfabetizador em sua casa.

Ferreiro (1995) entende a importância de o professor promover as mais variadas situações de leitura e escrita, propiciando momentos de reflexão sobre o sistema de escrita por meio de atividades significativas e leitura de textos de gêneros variados. Nesse sentido, Lerner (2002, p. 28) ressalta que:

> O desafio é formar pessoas desejosas de embrenhar-se em outros mundos possíveis que a literatura nos oferece, dispostas a identificar-se com o semelhante ou a solidarizar-se com o diferente e capazes de apreciar a qualidade literária. Assumir este desafio significa abandonar as atividades mecânicas e desprovidas de sentido, que levam as crianças a distanciar-se da leitura por considerá-la uma mera obrigação escolar, significa também incorporar situações em

> que ler determinados materiais seja imprescindível para o desenvolvimento dos projetos que se estejam levando a cabo, ou – e isto é igualmente importante – que produzam o prazer que é inerente ao contato com textos verdadeiros e valiosos. (LERNER, 2002, p. 28)

A leitura em sala de aula, muitas vezes, é vista como obrigação e, assim, muitas crianças não se sentem atraídas por tal prática. Desta maneira, as crianças a enxergam como uma prática mecanizada, sem sentido, que tem função apenas dentro da escola. Neste caso, o professor como mediador deste processo, precisa ensinar que

> [...] há diferentes práticas de leitura que se realizam nos mais variados espaços sociais, nos quais as pessoas circulam, [...] possibilitando ao aluno [...] aprender a ajustar os procedimentos de leitura às finalidades colocadas. (BRÄKLING, 2014, p. 305-306)

Na sala de aula, as crianças têm à disposição materiais de leitura variados (gibis, revistas, jornais, livros, dicionários e cartazes). Observando o interesse dos alunos nos momentos de leitura, decidimos elaborar um projeto cujo objetivo era fazer com que as crianças lessem em voz alta, mesmo as crianças que ainda não se encontravam na hipótese alfabética, aguçando nelas o gosto pela leitura, para tanto, iniciamos atividades de ajuste de leitura com pequenos textos que as crianças conheciam, ou seja, parlendas, cantigas de roda e trava-línguas.

No início do 1º ano, as crianças recebem do Programa Ler e Escrever uma coletânea com diferentes textos de diversos gêneros textuais, a saber: parlendas, trava-línguas, adivinhas, cantigas de roda, canções, poemas, quadrinhas, contos (fadas e cumulativos), fábulas, lendas, textos de divulgação científica, textos instrucionais (receitas, regras de jogos e de brincadeiras) e biografias.

Observamos, no cotidiano, que as crianças têm interesse em ver o livro, ficam folheando as páginas aleatoriamente e, em alguns momentos, passam os dedos sobre as palavras e falam algum trecho de textos que conhecem. O fato é curioso, pois muitas crianças são atraídas pelas ilustrações, mas neste caso, a coletânea de atividades tem poucos desenhos e os mesmos não são atrativos.

A partir desta constatação, em parceria com uma professora também de 1º ano, decidimos elaborar um Sarau com nossas crianças, contando com a presença de todos, mesmo os que ainda não sabiam ler convencionalmente.

Para Barros (1999, p. 72):

> Na sala de aula, devemos oferecer aos alunos muitas oportunidades de aprender a ler, adotando procedimentos utilizados pelos bons leitores.
> É necessário selecionar com cuidado os textos; garantir às crianças a oportunidade de observar como os já leitores utilizam os materiais de leitura; e organizar situações em que elas participem de atos de leitura.
> É preciso também planejar atividades de leitura que contribuam para a compreensão do sistema de escrita e favoreçam a análise e a reflexão acerca da correspondência fonográfica própria de nosso sistema de escrita. Esse tipo de atividade exige uma análise quantitativa e qualitativa da correspondência entre os segmentos falados e os escritos. São situações em que o aluno deve ler, embora ainda não saiba ler.

Para tanto, envolvemos os pais para que ajudassem os filhos nos ensaios em casa e deixamos que escolhessem livremente o texto que gostariam de ler. Em diversas aulas apresentamos textos variados, geralmente parlendas e cantigas de roda, onde os alunos em dupla tentavam ler ou mesmo localizar palavras que dessem uma pista do que poderia estar escrito.

Segundo Barros (1999, p. 72), o professor necessita de "[...] um espaço para trabalhar com textos conhecidos pelos alunos, aproveitando situações em que seja significativo ler e reler o que já conhecem de memória [...].", pois a autora entende que essas atividades "tornam possível acompanhar no texto o que vai sendo dito, e ajudam a pensar na correspondência entre 'o que se diz' e 'o que está escrito'."

Até mesmo as crianças que se encontravam na hipótese pré-silábica que reconheciam algumas letras. Ao longo do semestre, a atividade foi desenvolvida diversas vezes e, em alguns momentos, a professora escrevia parlendas na lousa, ou entregava os textos digitados para as duplas, e as crianças na hipótese alfabética começaram a buscar as palavras na própria coletânea.

Combinamos, então, a data do primeiro Sarau, no qual dez crianças de cada sala (total de 20 crianças) se apresentariam em cada dia. No dia marcado, os alunos, um a um, subiam em um palco improvisado e liam o texto escolhido e ilustrado por elas.

Segundo Barros (1999, p. 73):

> As crianças podem aprender muito sobre a escrita, tanto dentro quanto fora da escola, mas, para isso, a condição é acreditar que todas podem aprender e valorizar o que já sabem – em vez de enfatizar, o tempo todo, aquilo que ainda não aprenderam. O desafio pedagógico, como sempre, está na articulação entre o difícil e o possível de ser realizado pelos alunos.

Foi um momento ímpar, pois mesmo as crianças ainda não alfabéticas conseguiram ler em voz alta para os colegas. A atividade se repetiu por algumas vezes, e percebemos que as crianças se tornaram mais autônomas e confiantes, pois já não dependiam de outra pessoa para "descobrirem" o que estava escrito ali. As sondagens seguintes mostraram um avanço significativo nas hipóteses de escrita, já que as crianças se sentiram mais seguras e, consequentemente, confiantes no momento de leitura e escrita.

Considerações finais

Em um país que tem cerca de 35 milhões[4] de analfabetos funcionais, a leitura é fundamental no processo de alfabetização, pois

4. Segundo dados do Ibope (2005), o analfabetismo funcional atingiu cerca de 68% da população. O censo de 2010 mostrou que um entre quatro pessoas são analfabetas funcionais (porcentagem é de 20,3%). Fonte: http://www.todospelaeducacao.org.br/.

> [...] ler não é descobrir sentidos colocados nos textos pelos seus produtores, mas interpretar os possíveis sentidos dos textos lidos a partir do conjunto de referências semânticas por eles constituídos. (BRÄKLING, 2014, p. 303)

Desta forma, atividades que possibilitem a formação da competência leitora são importantes no processo de alfabetização, além de propiciar que a criança compreenda as funções sociais da língua. A proposta construtivista possibilita à criança explorar o mundo das letras, principalmente antes de serem alfabetizadas e, na nossa forma de entender, esse processo inicia-se na infância.

O professor como mediador deste processo de aprendizagem, assume o papel de oferecer um vasto repertório de atividades de leitura e escrita de gêneros variados.

Nesse sentido, entendemos que a formação que os estudantes do curso de Pedagogia participam, por meio do Programa Ler e Escrever, podem oferecer contribuições valiosas ao processo de alfabetização de nossas crianças. As discussões teóricas relacionadas às diferentes realidades vivenciadas pelos futuros professores possibilitam uma reflexão de como trabalhar com a leitura e a escrita em contextos desafiadores nos quais tais práticas são completamente distantes da realidade de muitas crianças.

Referências

APARÍCIO, Ana Silvia Moço. Formação docente: Reflexões de alunos de pedagogia no programa Bolsa alfabetização. *Educação e Políticas Públicas*, Fundação Carlos Chagas, v. 24, n. 55, 2013.

BARROS, Rosa Maria Antunes de. Ler quando não se sabe. In: *Programa de desenvolvimento profissional continuado*: alfabetização/ Secretaria de Ensino Fundamental. Brasília: A Secretaria, 1999.

BRÄKLING, Kátia Lomba. Leitura do mundo, leitura da palavra, leitura proficiente: qual é a coisa que esse nome chama? In: *Ler e escrever*: guia de planejamento e orientações didáticas. São Paulo: FDE, 2014.

BRASIL. Senado Federal. *Lei de Diretrizes e Bases da Educação Nacional (LDBEN)*: nº 9.394/96. Brasília, 1996.

______. Constituição (1988). *Constituição da República Federativa do Brasil.* Brasília, DF: Senado Federal, 1988.
CONSTANCIO, Alexandra Regina. *A padronização do trabalho docente*: crítica do Programa Ler e Escrever (PUC-SP). Dissertação de Mestrado. Pontifícia Universidade Católica de São Paulo, PUC-SP, 2012.
FERREIRO, Emília. *Reflexões sobre alfabetização*. São Paulo: Cortez, 2011
______. *Com todas as letras*. São Paulo: Cortez, 2003.
FREIRE, Paulo. *Professora sim, tia não*: cartas a quem ousa ensinar. Rio de Janeiro: Paz e Terra, 2015.
FREIRE, Paulo; SHOR, Ira. *Medo e ousadia:* o cotidiano do professor. Rio de Janeiro: Paz e Terra, 1986.
LAURITI, Nádia Conceição; MOLINARI, Simone Garbi Santana (Org.). *Perspectivas da alfabetização.* Jundiaí: Paco Editorial, 2013. (Pedagogia de A a Z, v. 1).
LEITE, Sérgio Antonio da Silva; COLELLO, Silvia M. Gasparian; ARANTES, Valéria Amorim (Org.). *Alfabetização e letramento:* pontos e contrapontos. São Paulo: Summus, 2010.
LERNER, Délia. *Ler e escrever na escola:* o real, o possível e o necessário. Tradução de Ernani Rosa. Porto Alegre: Artmed, 2002.
MENDONÇA, Onaide Schwartz. Percurso histórico dos métodos de alfabetização. In: *Caderno de Formação: Formação de Professores Didática dos Conteúdos,* Universidade Estadual Paulista. Pró-Reitoria de Graduação; Universidade Virtual do Estado de São Paulo. São Paulo: Cultura Acadêmica, 2011. v. 2.
MORTATTI, Maria do Rosário Longo. *História dos métodos de alfabetização no Brasil.* Conferência proferida durante o Seminário "Alfabetização e letramento em debate", promovido pelo Departamento de Políticas de Educação Infantil e Ensino Fundamental da Secretaria de Educação Básica do Ministério da Educação. Brasília: 2006.
SÃO PAULO. Secretaria da Educação do Estado de São Paulo. Disponível em: http://lereescrever.fde.sp.gov.br. Acesso em: 22 out. de 2013.

_______. Comunicado SE 86, de 20 de dezembro de 2007. Considerando as disposições da Resolução SE 86/2007 e torna pública as orientações para a implantação do Programa Ler e Escrever nas escolas da rede pública estadual. *Diário Oficial*, São Paulo, SP, publicado em 21 de dezembro de 2007.

VERCELLI, Ligia de Carvalho Abões (Org.). *Educação não formal:* campos de atuação. Jundiaí: Paco Editorial, 2013. (Pedagogia de A a Z, v. 11).

Formação Continuada e a Alfabetização: o PNAIC e as práticas de professoras dos anos inicias do Ensino Fundamental

Sueli Julioti[1]

Introdução

A fim de esclarecer ao leitor meu interesse pela temática voltada às práticas pedagógicas de alfabetização e letramento, remeto-me à minha infância. Os professores que tive enquanto aluna contribuíram de forma significativa em minha formação e na professora que sou hoje. Parece contraditório, mas foi o que me incentivou a buscar mudanças, pois eu via o prazer e a vontade de ensinar neles, mas não via o reelaborar das práticas em uma dialética da ação-reflexão-ação como propõe Paulo Freire, ressignificando um saber já existente. Naquela época, em que eu era apenas uma criança, a concepção de alfabetização era voltada para uma visão mecanicista.

Eram poucas as ocasiões em que os professores partiam de minhas vivências e realidades na mediação da construção dos meus conhecimentos. Hoje, à distância, percebo o quanto esse processo foi enfadonho, pois tinha de utilizar somente a cartilha e as palavras que nela continham sem que pudesse ampliar minha curiosidade própria da idade.

Assim, desde que iniciei a docência, sempre estive envolvida com turmas de alfabetização e quando me foi proposto o Curso de Formação de Professor Alfabetizador, logo aceitei e participei da formação continuada presencial no Pacto Nacional pela Alfabetização na Idade Certa (PNAIC)[2] em Língua Portuguesa, que é um compromisso formal assumido pelos governos federal, estadual e municipal de assegurar que todas as crianças estejam

---

1. Mestranda em Educação do Programa de Mestrado em Gestão e Práticas Educacionais da Universidade Nove de Julho (Progepe/Uninove), Linha de Pesquisa e de Intervenção Metodologias da Aprendizagem e Práticas de Ensino (Limape); Graduada em Pedagogia com especialização em Administração Escolar; Atualmente exerce a função de professora da Educação Básica da rede estadual de São Paulo. E-mail: juliotti_10@yahoo.com.br.

2. Para saber mais acesse: http://pacto.mec.gov.br.

alfabetizadas até os 8 anos de idade, ao final do 3º ano do Ensino Fundamental. Durante o desenvolvimento do curso houve muitas reflexões, discussões coletivas e socialização de experiências, favorecendo a articulação entre a teoria e a prática. O desejo de pesquisar e aprofundar mais sobre o tema, só tem aumentado.

Em 2006, a Lei nº 11.274 estabeleceu que o Ensino Fundamental passasse de 8 para 9 anos de duração. O objetivo era assegurar a todas as crianças um tempo maior na escola e mais oportunidades de aprender, pois, segundo dados do Ministério da Educação e Cultura (MEC), as crianças tendem a aprender mais começando mais cedo.

Desde 2010, com a aprovação da resolução CNE/CEB nº 1, de 14 de janeiro de 2010, do Conselho Nacional da Educação (CNE) e pelo então ministro da Educação, Fernando Haddad, as crianças com 6 anos completos até o dia 31 de março devem ser matriculadas no primeiro ano do Ensino Fundamental. Quem fizer 6 anos depois dessa data ainda permanecerá na Educação Infantil.

Inicialmente, a informação que chega aos professores era que não alfabetizariam as crianças no 1º ano, a atenção estaria voltada à possibilidade de desenvolver-se plenamente por meio do brincar. Porém, em 2011, ocorre uma mudança nesta concepção; exigia-se que os professores alfabetizassem essas crianças. Há, então, diversas indagações entre os docentes: como ensinar os conteúdos sem desconsiderar as necessidades da infância? As crianças estão preparadas para iniciar atividades de leitura e escrita? Que currículo trabalhar?

Seria necessário reorganizar o quadro de docentes, propor capacitações, construir um currículo, adequar o mobiliário das salas de aula e estabelecer expectativas de aprendizagem para essas crianças.

Diante do exposto, este capítulo trará uma reflexão crítica sobre a formação continuada do professor alfabetizador por meio do PNAIC e as práticas de professoras dos anos inicias do Ensino Fundamental. Inicialmente são apresentadas algumas ideias sobre a criança de seis anos e o currículo do Ensino Fundamental. Em seguida, analisamos a formação continuada de professores alfabetizadores por meio do PNAIC.

A criança de seis anos e o currículo do Ensino Fundamental

O tema nos remete a reflexões e indagações sobre como se deve ou não ensinar as crianças nas diferentes áreas do currículo do Ensino Fundamental.

Moya (2009), em sua pesquisa "A criança de seis anos de idade no Ensino Fundamental: práticas e perspectivas", afirma que assim como as crianças de 7 a 10 anos precisam de uma proposta curricular que atenda as suas características, potencialidades e necessidades específicas; as de 6 anos também, tratando-se da necessidade de construir uma proposta pedagógica coerente com as especificidades da infância. Desse modo, faz-se necessária a elaboração do planejamento pedagógico em respeito à singularidade de cada etapa da infância visando ao seu desenvolvimento.

Uma das grandes preocupações que surge a partir da mudança do ensino para nove anos diz respeito ao processo de alfabetização no 1º ano. Essa preocupação realmente é necessária, tanto por parte dos pesquisadores quanto do coletivo escolar, porque o grande desafio da educação brasileira é superar o baixo desempenho dos alunos na leitura e escrita. O enfrentamento desse desafio engloba um conjunto de condições e fatores, entre eles a formação inicial e permanente do professor, a organização do currículo escolar, do planejamento, enfim, da organização das práticas de ensino de alfabetização. Assim, é necessário organizar situações didáticas específicas e dirigidas à apropriação da escrita e envolver os alunos em práticas e usos sociais da língua.

Segundo Kramer (2006), a questão que parece escapar aos educadores é a da continuidade da infância. A criança de 6 anos não muda pelo fato de estar na Educação Infantil ou no Ensino Fundamental, assim é preciso que o planejamento escolar para as questões de conteúdo, de estratégias metodológicas, de material pedagógico, de organização do espaço, de organização do tempo, e outras, considere o aspecto da necessária continuidade da aprendizagem e do desenvolvimento que deve existir entre tais etapas.

É necessário destacar as orientações pedagógicas do MEC sobre o lúdico como uma das prioridades no processo de aprendizagem da criança de 6 anos, focalizando os jogos e as brincadeiras no espaço escolar como princípios norteadores da prática pedagógica. A ludicidade é apontada como uma prática na qual o brincar deve ser vivido como experiência cultural.

> [...] Reconhecemos o que é específico da infância: seu poder de imaginação, a fantasia, a criação, a brincadeira entendida como experiência de cultura. Crianças são cidadãs, pessoas detentoras de direitos, que produzem cultura e são nela produzidas. Esse modo de ver as crianças favorece entendê-las e também ver o mundo a partir de seu ponto de vista. A infância, mais que estágio, é categoria da história: existe uma história humana porque o homem tem infância. As crianças brincam, isso é o que as caracteriza. (KRAMER, 2006, p. 15)

Nas orientações do MEC, são vários os momentos em que se afirma que a atividade lúdica é fonte de aprendizado e desenvolvimento, que os jogos e as brincadeiras são atividades que asseguram a apropriação de valores e conhecimentos sobre o mundo.

Há uma grande preocupação entre os professores e gestores na construção de uma proposta pedagógica que dê conta de estabelecer com clareza os parâmetros de ingresso da criança na escola; definir um corpo de conhecimentos que, em conformidade com a aprendizagem e desenvolvimento das crianças, dê conta de constituir um currículo não só para os dois primeiros anos, mas para todo o Ensino Fundamental.

Segundo Freitas, Pott e Campos (2013, p. 136), estudos qualitativos evidenciam que a inclusão da criança de 6 anos no Ensino Fundamental tem se dado sem a reorganização desse ensino, de "forma atropelada sem que as diretrizes e orientações nacionais tenham sido compreendidas pelos profissionais das escolas, sem assegurar articulação entre Ensino Fundamental e Educação Infantil".

A ausência de um processo adequado de formação dos professores, envolvendo estudos que contemplassem tanto os aspectos legais quanto os pedagógicos, acabou por culminar na falta de compreensão de alguns professores sobre os procedimentos a serem adotados no cumprimento às determinações legais.

Muitas perguntas surgem para os professores no momento de organizar e planejar o trabalho: para que serve a escola? Qual é o seu papel social? O que fazer para que as crianças aprendam mais e melhor? E as crianças? Será que também surgem perguntas para elas? Como é a escola? O que acontece lá dentro? Como acontece? O que podemos fazer lá e o que não podemos? O que vamos aprender? Assim fica claro a importância da organização do trabalho, considerando que a ação educativa está num mundo em constante mudança. Portanto, entendemos que o foco não está em alfabetizar ou não as crianças de 6 anos, uma vez que esse processo se inicia na Educação Infantil e deve ser priorizado no 1º ano, mas no como fazer sem deixar de considerarmos as especificidades da infância. Logo, é primordial haver a formação contínua, demandando, atualizando e revisando as práticas dos professores.

Formação continuada de professores alfabetizadores por meio do PNAIC

Em pronunciamento conjunto por ocasião do Dia Internacional do Professor, em outubro de 2008, a Organização Internacional do Trabalho (OIT) e a Organização das Nações Unidas para a Educação, Ciência e Cultura (Unesco) revelaram preocupação com a valorização do magistério e com a falta de interesse dos jovens por essa profissão. Tem sido divulgada não só a queda na demanda pelas licenciaturas e no número de formandos, mas também a mudança de perfil do público que busca a docência. Esse conjunto de pesquisas e artigos discute a necessidade de tornar a carreira de professor mais atrativa (GATTI et al., 2008; GATTI; BARRETTO, 2009).

A formação continuada de professores alfabetizadores vem sendo considerada, juntamente com a formação inicial, uma questão fundamental nas políticas públicas, como o Pacto Nacional pela Alfabetização na Idade Certa (PNAIC), que é um acordo formal assumido pelo Governo Federal, estados, municípios e entidades para firmar o compromisso de alfabetizar crianças até, no máximo, 8 anos de idade, ao final do ciclo de alfabetização.

Segundo Schnetzler e Rosa (2003), para justificar a formação continuada de professores, há três razões que têm sido normalmente apontadas:

> [...] a necessidade de contínuo aprimoramento profissional e de reflexões críticas sobre a própria prática pedagógica, pois a efetiva melhoria do processo ensino-aprendizagem só acontece pela ação do professor; a necessidade de se superar o distanciamento entre contribuições da pesquisa educacional e a sua utilização para a melhoria da sala de aula, implicando que o professor seja também pesquisador de sua própria prática; em geral, os professores têm uma visão simplista da atividade docente, ao conceberem que para ensinar basta conhecer o conteúdo e utilizar algumas técnicas pedagógicas. (SCHNETZLER; ROSA, 2003, p. 27)

A formação continuada é um processo construído no cotidiano escolar de forma contínua, portanto, não termina apenas em um curso de atualização e ou especialização.

Segundo Lerner (2007, p. 19),

> Os professores que atuam no Ensino Fundamental muitas vezes não se sentem profissionais, pois não são vistos como tal, seja na representação que a sociedade faz deles, seja na caracterização das suas situações de trabalho.

Ser professor alfabetizador hoje não é tarefa fácil, sobretudo considerando-se as condições de trabalho.

Refletindo sobre as políticas de formação em serviço a que os docentes são submetidos, observa-se que, conforme afirma Teberosky (2008): "mais do que o método, o que tem influência sobre a aprendizagem é a formação do professor" assim como sua relação com o conhecimento e a valorização social da escola. E também, segundo Fortes (2006),

> [...] essa maneira descontextualizada de conceber a formação de professores é a principal responsável por sua ineficácia, decorrente da ausência de um sentido estratégico para a formação.

De acordo com Gatti (2008), o aumento da oferta e realização de cursos de formação continuada se deu principalmente a partir das seguintes razões: as condições específicas da sociedade contemporânea e os desafios impostos à educação;

> Nos últimos anos do século XX, tornou-se forte, nos mais variados setores profissionais e nos setores universitários, especialmente em países desenvolvidos, a questão da imperiosidade de formação continuada como um requisito para o trabalho, a ideia da atualização constante, em função das mudanças nos conhecimentos e nas tecnologias e das mudanças no mundo do trabalho. Ou seja, a educação continuada foi colocada como aprofundamento e avanço nas formações dos profissionais. Incorporou-se essa necessidade também aos setores profissionais da educação, o que exigiu o desenvolvimento de políticas nacionais ou regionais em resposta a problemas característicos de nosso sistema educacional. (GATTI, 2008, p. 58)

Desse modo, a formação continuada de professores buscou atender uma demanda à reforma de educação, por meio das políticas educacionais, aperfeiçoar os conhecimentos dos profissionais, suprindo falhas aparentemente deixadas a priori pelos cursos de graduação e também enfatizar a busca por qualidade no ensino.

Assim, essa formação concebida como uma proposta para a melhoria na qualidade da educação favorece a articulação entre aqueles que estão em formação, os conhecimentos e as práticas que estão em constante transformação.

O Pacto Nacional pela Alfabetização na Idade Certa (PNAIC) tem como objetivo assegurar que todas as crianças estejam plenamente alfabetizadas ao final dos três primeiros anos do Ensino

Fundamental. Para tanto, as ações desenvolvidas nessa proposta formam um conjunto integrado de programas, materiais didáticos e referências curriculares e pedagógicas disponibilizados pelo MEC que contribuem para a alfabetização e o letramento, tendo como eixo principal a formação continuada dos professores alfabetizadores. O Ministério da Educação (MEC) e as universidades federais têm importante contribuição para subsidiar uma formação continuada desse porte em todo o país, pois de acordo com dados do MEC, a média nacional de crianças brasileiras não alfabetizadas aos 8 anos é de 15,2%, mas há Estados em situação mais grave. A taxa de crianças não alfabetizadas no Maranhão é de 34%, a de Alagoas, de 35%. As regiões Sul, Centro-Oeste e Sudeste têm índices melhores. O Paraná tem a menor taxa do país, de 4,9%. E Santa Catarina registra 5,1% de crianças não alfabetizadas. O Brasil tem hoje quase 8 milhões de crianças entre 6 e 8 anos de idade matriculadas em 108 mil escolas distribuídas em todo território nacional. Nesse sentido, estamos vivendo momentos de reflexões sobre a alfabetização para a busca de qualidade nesse segmento com a formação do PNAIC.

A formação do PNAIC é um curso presencial de 2 anos para os professores alfabetizadores, com carga horária de 120 horas por ano, cuja metodologia propõe estudos e atividades práticas. Os encontros com os professores alfabetizadores são conduzidos por orientadores de estudo, os quais são professores das redes públicas de ensino, que fazem um curso específico, com 200 horas de duração por ano, ministrado por universidades públicas.

No PNAIC são desenvolvidas ações que contribuem para o debate acerca dos direitos de aprendizagem das crianças do ciclo de alfabetização; para os processos de avaliação e acompanhamento da aprendizagem das crianças; para o planejamento e avaliação das situações didáticas; para o conhecimento e uso dos materiais distribuídos pelo MEC voltados para a melhoria da qualidade do ensino no ciclo de alfabetização.

Os professores têm atividades aplicadas às suas turmas durante o curso e os requisitos para ser professor alfabetizador são: ter lecionado em qualquer turma do Ensino Fundamental em 2012, constando o nome no censo de 2012; ser professor de alguma turma do ciclo de alfabetização em 2013 (turmas de 1º, 2º e 3º ano do Ensino

Fundamental de nove anos e/ou também em classes multisseriadas). O curso é ministrado por orientadores de estudos, sendo composto da seguinte forma: com encontros mensais totalizando 84 horas, nos quais o número de encontros ficará a critério da universidade; com seminários, totalizando 8 horas; atividades extraclasses, totalizando 28 horas; aplicação de trabalhos nas turmas em que leciona e registrado no Sistema de Monitoramento Execução e Controle (Simec).

Em 2013, a ênfase foi em língua portuguesa e, em 2014, em matemática. Foram ofertados quatro cursos em turmas distintas: um curso para professores do 1º ano do Ensino Fundamental; um para os docentes no 2º ano do Ensino Fundamental; um para os professores do 3º ano do Ensino Fundamental e um para docentes de turmas Multisseriadas. Quando o número de docentes de um dos anos era muito pequeno, as turmas foram constituídas de professores de diferentes anos do Ensino Fundamental. O curso é estruturado para permitir a melhoria da prática docente. Por isso, contém algumas atividades permanentes como a retomada do encontro anterior, com socialização das atividades realizadas, de acordo com as propostas, de trabalho em sala de aula, planejadas, análise de atividades destinadas à alfabetização e planejamento de atividades a serem realizadas nas aulas seguintes ao encontro.

O professor que participa da formação do PNAIC recebe uma bolsa de ajuda de custo, no valor de R$ 200,00, e serão devidamente certificados. Os professores alfabetizadores que não foram cadastrados no censo escolar de 2012 fizeram o curso, porém, receberam apenas o certificado da universidade, sem a bolsa de ajuda de custo.

O Pacto está estruturado em quatro eixos de atuação: Formação continuada de professores alfabetizadores; Materiais didáticos e pedagógicos; Avaliações: processo pelo qual o poder público e os professores acompanham a eficácia e os resultados do Pacto nas escolas participantes; Gestão, controle social e mobilização: sistema de gestão e de monitoramento, com o intuito de assegurar a implementação das etapas do Pacto.

Uma meta, que está se consolidando no Brasil, por conta do Plano Nacional de Educação (PNE) e que é o objetivo do PNAIC, é assegurar que todas as crianças estejam plenamente alfabetizadas ao final dos três primeiros anos do Ensino Fundamental. Porém, do ponto de vista dos professores envolvidos na iniciativa, a maior expectativa é pedagógica. Ele oferece ferramentas para aplicar na sala de aula, e a pergunta que fica é qual o intuito da formação, é ensinar a aplicar o conteúdo do material ou refletir no plano teórico sobre o que significa alfabetizar? Sabemos que a formação de professores ajuda e contribui para que a alfabetização aconteça, mas será suficiente para garantir que 100% delas sejam alfabetizadas? Será que já se consegue vislumbrar avanços significativos que tem contribuído para aperfeiçoar a prática pedagógica dos alfabetizadores de todo país?

A proposta do MEC para o acompanhamento dos resultados do PNAIC é a criação da Avaliação Nacional da Alfabetização (ANA). A realização de um teste de desempenho suscitou críticas por colocar pressão sobre as crianças, no momento da aplicação, e sobre os educadores, que se sentiriam pressionados a apresentar bons resultados, o que poderia desviar o foco do processo para a prova. Além dessa crítica, há outras como as de centralizar a questão nos professores e no seu trabalho, excluindo outras variáveis que também precisam ser consideradas pelas políticas públicas para que se possam alfabetizar mais crianças com qualidade e dentro do tempo esperado, é preciso garantir a existência de uma escola que não se furte em lidar com as suas próprias limitações, de integração das equipes, sensibilização dos gestores e apoio ao trabalho dos educadores. Muitos são os desafios em sala de aula.

Os desafios referentes à alfabetização enfrentados pelos professores em sala de aula

Para enfrentar momentos que fogem da rotina, tais como: que caminho seguir? Como ensinar e compreender que as crianças de seis anos têm características específicas? Como conhecer bem cada uma delas, para não desconsiderar as necessidades da infância? E também para que aquilo que poderia representar um ganho – mais um ano de escolaridade obrigatória – não se transforme em prejuízo, se faz necessária uma ação-reflexão-ação como propõe Paulo Freire.

O momento parece bastante propício para que a atual estrutura e funcionamento da escola de Ensino Fundamental, bem como toda a sua organização didático-pedagógica, sejam reavaliadas de modo a que consigamos garantir o que aqui entendemos por uma completa democratização desse nível de ensino, ou seja, acesso, permanência e qualidade.

É grande o desafio em alfabetizar. Para Ferreiro (2000), se compreendermos que qualquer informação tem que ser assimilada e, portanto, transformada para ser operante, então teríamos que aceitar também que os métodos (como sequência de passos ordenados para chegar a um fim) não oferecem mais do que sugestões, incitações, práticas de rituais ou conjunto de proibições. O método, segundo a autora, não cria conhecimento. O que seria correto, na concepção de Ferreiro, seria se interrogar, "através de que tipo de prática a criança é introduzida na linguagem escrita, e como se apresenta esse objeto no contexto escolar" (FERREIRO, 2000, p. 30).

Ainda, segundo Ferreiro (2000), existem práticas que levam a criança às convicções de que o conhecimento é algo que os outros possuem e que só se pode ser adquirido por meio da transmissão colocando-a em uma situação passiva diante das novas aprendizagens. Essas práticas levam a pensar que aquilo que existe para conhecer já foi estabelecido, como um conjunto de coisas fechado que não podem se modificar.

A autora afirma que "nenhuma prática pedagógica é neutra. Todas estão apoiadas em certo modo de conceber o processo de aprendizagem e o objeto dessa aprendizagem" (FERREIRO, 2000, p. 31). Dessa forma, segundo Ferreiro (2000), o professor não pode se tornar um prisioneiro de suas próprias convicções. Para ser eficaz, é necessário que ele entenda o ponto de vista da criança, tarefa esta, difícil de incorporar.

No decorrer do ano letivo, o professor indaga-se, reflete, discute consigo mesmo e depara-se com os desafios de trabalhar com a alfabetização, na grande diversidade da sala de aula; isso significa ensinar diferente a ler e escrever para alunos diferentes.

Refletir sobre as ações pedagógicas no espaço da alfabetização é perceber em que medidas se articulam e se entrelaçam as dimensões sociais, culturais e individuais, pois o conhecimento evolui e se transforma de acordo com o movimento histórico de cada sociedade. Desse modo, também a alfabetização se desenvolve de acordo com a dinâmica das relações existentes na sala de aula, vinculados a vida dos alunos. A sala de aula é um complexo, é onde as coisas acontecem, ou não.

Para que a criança passe pelo processo de alfabetização há todo um envolvimento do professor que, além de passar pela formação continuada, precisa preparar esse caminho, pois o professor não é mais aquele que apenas transmite o conhecimento, ele é, acima de tudo, mediador desse conhecimento, auxiliando as crianças fazerem escolhas, despertando a curiosidade e a vontade de aprender sempre mais. Ele é um profissional que domina os conteúdos, bem como a metodologia de fazer chegar aos alunos o saber direcionado para a vida, ensinando a ser um cidadão, com responsabilidades, direitos e deveres.

Para ter êxito nesse processo de alfabetização, o professor está atento não só nesse processo em si, mas também nas questões como: a parceria da família, as novas tecnologias que estão presentes na vida da criança, a violência nas escolas e a burocracia que envolve o processo de alfabetizar.

Considerações finais

A entrada de crianças de 6 anos no Ensino Fundamental implica assegurar-lhe garantia de aprendizagem e desenvolvimento pleno, atentando para a diversidade social, cultural e individual de cada criança, o que demanda espaços e tempos diversos de aprendizagem. Na perspectiva da continuidade do processo de aprendizagem proporcionado pela implantação do Ensino Fundamental de 9 anos, este terá muito a ganhar se absorver da Educação Infantil o caráter lúdico da aprendizagem, vendo esses alunos como crianças de 6 anos que são.

Pode-se perceber que a educação compulsória da criança desta faixa etária tem sido vista como uma conquista, mas, a forma como esta criança é recebida no Ensino Fundamental tem sido foco de preocupação aos educadores.

Não se deve ignorar os conhecimentos que a criança já adquiriu na Educação Infantil. Igualmente, o processo de alfabetização com o qual vai estar mais sistematicamente envolvida não pode sofrer interrupção no final do primeiro ano ou na passagem para o segundo ano do Ensino Fundamental.

Vale enfatizar ainda que para tal entendimento é preciso um olhar especial à formação continuada do professor.

De modo geral, a discussão envolvendo formação continuada de professores remete a um repensar na formação inicial de professores proposta pelas Instituições de Ensino Superior (IES), visto que a criança de 6 anos de idade já está frequentando os bancos escolares do Ensino Fundamental. Para a atuação das políticas educacionais, a formação de professores é um dos mais importantes desafios.

Em síntese, com este trabalho, percebe-se a preocupação com a implantação do Ensino Fundamental de nove anos. Há avanços nas políticas públicas voltadas à criança, que veem a necessidade da atenção ao desenvolvimento das crianças, não somente as de 6 anos, mas também as mais novas, e com a prática pedagógica dos professores que já atuam há alguns anos com crianças da antiga 1ª série, e agora passam a ter em sala de aula crianças com 6 anos de idade. Na realidade, o professor há de se atentar para esta nova realidade, já sua formação em exercício é planejada a partir de certo diagnóstico, em alguns casos, o coordenador pedagógico da escola identifica e realiza a formação continuada para sanar as dificuldades, que não deixa de ser um desafio a enfrentar.

Enfim, sabemos que as políticas educacionais, como o PNAIC, que estão voltadas para a formação de professores alfabetizadores são fundamentais e que possibilitam a melhoria da aprendizagem das crianças, com considerável relevância à prática social, pois dá condições ao professor alfabetizador de dominar teoria e prática necessária a uma ação pedagógica mais eficaz. Mas, para tanto, essas políticas precisam estar articuladas com outras que visam à melhoria no ensino, já que são necessárias muitas ações e intervenções que estão além da formação continuada do professor.

É evidente a preocupação com a formação continuada do professor e suas práticas que precisam ser valorizadas e vistas como ferramenta de alavanca, e não como freio, como muitos a utilizam. Sabemos que muitas escolas ainda não avançaram e possivelmente estão presas em visões equivocadas e ultrapassadas.

Referências

BRASIL. Lei nº 12.801, de 24 de abril de 2013. Dispõe sobre o apoio técnico e financeiro da União aos entes federados no âmbito do Pacto Nacional pela Alfabetização na Idade Certa e altera as Leis nos 5.537, de 21 de novembro de 1968, 8.405, de 9 de janeiro de 1992, e 10.260, de 12 de julho de 2001. *Diário Oficial [da] República Federativa do Brasil*, Brasília, DF, 24 de abril de 2013. Seção 1, p. 1.

______. Ministério da Educação. Conselho Nacional de Educação/ Câmara de Educação Superior. Resolução CD/FNDE nº 4 de 27 de fevereiro de 2013. Estabelece orientações e diretrizes para o pagamento de bolsas de estudo e pesquisa para a Formação Continuada de Professores Alfabetizadores, no âmbito do Pacto Nacional pela Alfabetização na Idade Certa. *Diário Oficial [da] República Federativa do Brasil*, Brasília, DF, 04 março de 2013. Seção 1, p. 6.

______. Ministério da Educação. Gabinete do Ministro. Portaria nº 90, de 6 de fevereiro de 2013. Define o valor máximo das bolsas para os profissionais da educação participantes da formação continuada de professores alfabetizadores no âmbito do Pacto Nacional pela Alfabetização na Idade Certa. *Diário Oficial [da] República Federativa do Brasil*, Brasília, DF, 18 dezembro de 2012. Seção 1, p. 6.

______. Ministério da Educação. Gabinete do Ministro. Portaria nº 1.458, de 14 de dezembro de 2012. Define categorias e parâmetros para a concessão de bolsas de estudo e pesquisa no âmbito do Pacto Nacional pela Alfabetização na Idade Certa,na forma do art. 2º, inciso I, da Portaria MEC no 867, de 4 de julho de 2012. *Diário Oficial [da] República Federativa do Brasil*, Brasília, DF, 18 dezembro de 2012. Seção 1, p. 15.

______. Medida provisória nº 586, de 8 de novembro de 2012. Dispõe sobre o apoio técnico e financeiro da União aos entes federados no âmbito do Pacto Nacional pela Alfabetização na Idade Certa, e dá outras providências. *Diário Oficial [da] República Federativa do Brasil*, Poder Executivo, Brasília, DF, 9 nov. 2012. Seção 1, p. 1.

______. Ministério da Educação. Gabinete do Ministro. Portaria nº 867, de 4 de julho de 2012. Institui o Pacto Nacional pela Alfabetização na Idade Certa e as ações do Pacto e define suas diretrizes gerais. *Diário Oficial [da] República Federativa do Brasil*, Brasília, DF, 05 julho de 2012. Seção 1, p. 22-23.

______. Lei nº 11.273, de 6 de fevereiro de 2006. Autoriza a concessão de bolsas de estudo e de pesquisa a participantes de programas de formação inicial e continuada de professores para a educação básica. *Diário Oficial [da] República Federativa do Brasil*, Brasília, DF, 6 de fevereiro de 2006. Seção 1, p. 1.

______. *Lei de Diretrizes e Bases da Educação Nacional*. Lei nº 9.394, 20 de dezembro de 1996.

COLOMER, Tereza; CAMPOS, Anna. *Ensinar a ler, ensinar a compreender*. São Paulo: Artmed, 2002.

CONTRERAS, José. *Autonomia de professores*. São Paulo: Cortez, 2012.

CARDOSO, Beatriz; LERNER, Délia; NOGUEIRA, Neide; PEREZ, Tereza. (Org.). *Ensinar: tarefa de profissionais*. Rio de Janeiro: Record, 2007.

FERREIRO, Emília. *Reflexões sobre alfabetização*. 25. ed. São Paulo: Cortez, 2010.

______. *Cultura escrita e educação*: conversas de Emilia Ferreiro com José Antonio Castorina, Daniel Goldin e Rosa Maria Torres. Porto Alegre: Artmed, 2001.

FREIRE, Paulo. *Pedagogia da autonomia:* saberes necessários à prática educativa. São Paulo: Paz e Terra, 2015.

GATTI, Bernadete. Formação continuada de professores: a questão psicossocial. *Cadernos de Pesquisa*, São Paulo, n. 119, p. 191-204, jul. 2003.

LERNER, Delia. *Ler e escrever na escola:* o real, o possível e o necessário. Porto Alegre: Artmed, 2007.

MORTATTI, Maria do Rosário Longo. *História dos métodos de alfabetização no Brasil.* Conferência proferida durante o Seminário "Alfabetização e letramento em debate". Brasília: MEC, 27/04/2006. Disponível em: http://portal.mec.gov.br/.

NÓVOA, António. Os professores na virada do milênio: do excesso dos discursos à pobreza das práticas. *Educação e Pesquisa*, São Paulo, FEUSP, v. 25, p. 11-20, 999.

______. Formação de professores e profissão docente. In: NÓVOA, António (Org.). *Os professores e sua formação.* Lisboa: Nova Enciclopédia, 1992.

ROSSETI-FERREIRA, Maria Clotilde (Org.). *Os fazeres na Educação Infantil.* 5. ed. São Paulo: Cortez, 2003.

SACRISTÁN, J. Gimeno. Consciência e ação sobre a prática como libertação profissional dos professores In: NÓVOA, António (Org.). *Profissão professor.* 2. ed. Porto: Porto, 1999.

SCHNETZLER, Roseli Pacheco; ROSA, Maria Inês Freitas Petrucci dos Santos. A investigação-ação na formação continuada de professores de Ciências. *Ciência e Educação*, Bauru, v. 9, n. 1, p. 27-39, 2003.

SOARES, Magda. *Alfabetização e letramento.* 6. ed. São Paulo: Contexto, 2011.

______. *Letramento:* um tema em três gêneros. 2. ed. Belo Horizonte: Autêntica, 2006.

TEBEROSKY, Ana; COLOMER, Teresa. *Aprender a ler e escrever:* uma proposta construtivista. Porto Alegre: Artmed, 2003.

TEBEROSKY, Ana; GALLART, Marta e colaboradores. *Contextos de alfabetização inicial.* Artmed. Porto Alegre, 2004.

Uma experiência no ensino de língua inglesa na Educação Infantil: a importância da ludicidade para o aprendizado

Ana Paula Brunatti de Moraes[1]

Introdução

Embora seja amplamente reconhecido que criança gosta de brincar, os materiais de inglês adotados por algumas escolas, principalmente as privadas, muitas vezes não consideram este aspecto infantil ao tratar da educação da infância. Neste sentido, fica ao encargo do professor planejar e incluir atividades lúdicas em suas práticas pedagógicas.

Ao receber o convite para ensinar inglês na Educação Infantil, me deparei com o desafio de trabalhar com crianças de 3 anos de idade e um material apostilado que, embora incentive a atividade lúdica, pouco contribui para a sua utilização. As práticas orais sugeridas são, em sua maioria, baseadas na simples repetição, totalmente desinteressantes para as crianças. Com base em minha experiência em cursos de idiomas, nos conhecimentos adquiridos sobre a importância da ludicidade na Educação Infantil e nas necessidades apresentadas pelas crianças passei a incluir jogos e brincadeiras pedagógicas como forma de criar oportunidades de prática oral mais adequada a elas.

Esse capítulo busca tratar dessa minha experiência com crianças pequenas, ou seja, a de desenvolver atividades lúdicas com elas no ensino de língua inglesa. Para tanto, são abordadas as ideias de autores como Piaget e Vygotsky para compreender como concebem a criança e a dimensão da ludicidade no seu processo de aprendizagem e desenvolvimento. Estudos de autores que discutem o ensino e a aprendizagem da língua inglesa com crianças também são fonte de leitura para a análise que se pretende nesse texto.

---

1. Tradutora, pedagoga (Uninove) e membro do Grupo de Pesquisa em Educação Infantil e Formação de Professores (Grupeiforp) do Programa em Gestão e Práticas Educacionais da Universidade Nove de Julho (Progepe-Uninove); Professora de inglês na cidade de Bauru-SP.

Assim, o capítulo foi organizado em três momentos: no primeiro, trago breves considerações relativas às ideias de Piaget e Vygotsky sobre como a criança aprende, a importância do brincar no desenvolvimento infantil e a atividade lúdica como facilitadora da aprendizagem; no segundo, apresento alguns fatores a serem considerados no processo de aprendizagem da língua inglesa pela criança; e no terceiro, é apresentada uma breve contextualização sobre a escola e uma turma de crianças de 3 anos com a qual tive a oportunidade de vivenciar, como professora, o processo ensino--aprendizagem da língua inglesa.

A criança na perspectiva de Piaget e Vygotsky

A concepção de criança é construída historicamente e, por isso, variou bastante ao longo do tempo até chegarmos ao conceito atual. A criança já foi considerada um adulto em miniatura; um ser que nasce pronto com características biológicas que determinam seu desenvolvimento; ou um ser passivo que se desenvolve de acordo com o que o ambiente lhe oportuniza. Ser criança atualmente significa estar em um tempo e em um espaço repletos de possibilidades e desigualdades, mas significa também ser protagonista do processo de significação e aprendizagem.

Diante de tantas mudanças ocorridas na organização social e familiar, a Educação Infantil ganhou uma nova relevância na sociedade contemporânea, passando a ser uma aliada das famílias na educação de suas crianças. Uma educação que tem a responsabilidade de formar um sujeito que tenha as bases para se tornar um cidadão crítico e responsável e que respeite a maneira das crianças serem, agirem e se desenvolverem. Neste sentido, entende-se que as concepções acerca da criança e de sua forma de aprendizado orientam de modo significativo as práticas de professores da Educação Infantil.

No documento do Referencial Curricular Nacional para a Educação Infantil (RCNEI) é possível identificar a concepção de criança e de construção do conhecimento que buscam orientar as propostas das unidades de Educação Infantil no país, conforme se lê a seguir:

> No processo de construção do conhecimento, as crianças se utilizam das mais diferentes linguagens e exercem a capacidade que possuem de terem ideias e hipóteses originais sobre aquilo que buscam desvendar. Nessa perspectiva, as crianças constroem o conhecimento a partir das interações que estabelecem com as outras pessoas e com o meio em que vivem. O conhecimento não se constitui como cópia da realidade, mas sim, fruto de um intenso trabalho de criação, significação e resignificação. (BRASIL, 1998, p. 21-22)

E nas Diretrizes Curriculares Nacionais para a Educação Infantil, estabelecidas pela Resolução CNE/CEB 05/2009, podemos perceber que as definições de currículo e de proposta pedagógica estão em consonância com esta concepção de criança. Segundo este documento o currículo, como conjunto de práticas, deve articular os saberes e experiências das crianças aos conhecimentos culturais, artísticos, ambientais, científicos e tecnológicos. E ao definir as propostas pedagógicas que orientam as práticas dos professores a criança é considerada protagonista de seu aprendizado e centro do planejamento, como podemos verificar:

> As propostas pedagógicas da Educação Infantil deverão considerar que a criança, centro do planejamento curricular, é sujeito histórico e de direitos que, nas interações, relações e práticas cotidianas que vivencia, constrói sua identidade pessoal e coletiva, brinca, imagina, fantasia, deseja, aprende, observa, experimenta, narra, questiona e constrói sentidos sobre a natureza e a sociedade, produzindo cultura. (BRASIL, 2009, p. 1)

Ao consultar a bibliografia desses documentos oficiais que propõem parâmetros que possam contribuir na elaboração de propostas pedagógicas e curriculares e, na consequente orientação para as práticas docentes na Educação Infantil, constata-se a incidência de referências de obras de autores como Piaget e Vygotsky, que iniciaram seus escritos sobre os processos de desenvolvimento da criança, no início do século XX, e cujas ideias ainda influenciam as pesquisas nessa área – da infância e da educação – de autores contemporâneos.

Sendo assim, entende-se que seja relevante, mesmo que de forma breve, expor o pensamento desses autores clássicos para que fique mais clara também a interferência de suas ideias nas proposições das propostas curriculares nacionais. Vejamos.

Com os estudos de Piaget (1896-1980)[2] a criança passa a ser compreendida como um sujeito ativo no processo de aprendizagem, uma vez que se desenvolve na interação com o meio e com os outros sujeitos que nele estão inseridos. Em sua teoria, Piaget (1975) propõe conceitos fundamentais para que possamos entender o processo de aprendizagem, entre eles: assimilação, acomodação, equilibração e estágio. Por assimilação entende-se a incorporação de novas informações através da interpretação das experiências que o sujeito vivencia em suas interações com os objetos de conhecimento; a acomodação representa a modificação que as estruturas mentais do sujeito sofrem em consequência da nova assimilação realizada; e a equilibração se caracteriza pela busca do equilíbrio dos processos mentais que precisam ser reorganizados ou reestruturados a cada nova assimilação. Já estágio seria cada um dos quatro níveis de desenvolvimento cognitivo do sujeito representados por uma crescente qualidade da inteligência proporcionada pela maturação e transformação das estruturas mentais.

Os estágios de desenvolvimento propostos pelo autor são: sensório-motor (de 0 a 2 anos), pré-operatório (de 2 a 7 anos) e operatório, sendo este último dividido em operatório-concreto (dos 7 aos 11 ou 12 anos) e operatório-formal (dos 11 ou 12 até a idade adulta). Para ele, o processo de desenvolvimento da criança depende de um processo de maturação física e psicológica. Nesse sentido, entende-se que para Piaget o desenvolvimento precede a aprendizagem, ou seja, uma criança só estará apta a aprender quando suas funções cognitivas estiverem devidamente desenvolvidas.

---

2. PIAGET, Jean. *A linguagem e o pensamento na criança.* Rio de Janeiro: Fundo de Cultura, 1959.
PIAGET, Jean. *A formação do símbolo na criança.* Imitação, jogo e sonho, imagem e representação. Rio de Janeiro: Zahar, 1971.

Vygotsky (1896-1934)[3], idealizador da Psicologia Histórico--Cultural, argumenta que a criança se desenvolve porque aprende. Para esse autor, a dimensão biológica é importante e necessária, mas não pode ser considerada determinante no desenvolvimento das capacidades humanas – pensamento, linguagem, memória, atenção, concentração, afetividade, criatividade, dentre outras –, ou seja, o desenvolvimento do ser humano também depende das condições sócio-histórico-culturais nas quais os indivíduos desde a tenra idade estiveram/estão inseridos para que aprendam com as pessoas mais experientes e com os objetos da cultura criados pela humanidade e, consequentemente, se desenvolvam.

Esse processo se dá em um movimento dialético no qual as condições histórico-culturais da sociedade transformam o homem, ao mesmo tempo em que são transformadas por ele, proporcionando aprendizagens que favoreçam seu desenvolvimento. Isso se dá num ciclo em que os processos de aprendizagem e desenvolvimento vão se tornando cada vez mais complexos. Para Vygotsky (1998, p. 118), as experiências sociais e culturais têm um caráter formativo no desenvolvimento do sujeito, pois

> [...] o aprendizado adequadamente organizado resulta em desenvolvimento mental e põe em movimento vários processos de desenvolvimento que, de outra forma, seriam impossíveis de acontecer. Assim o aprendizado é um aspecto necessário e universal no processo de desenvolvimento das funções psicológicas culturalmente organizadas e especificamente humanas.

Estas abordagens influenciaram a concepção de criança que a considera um ser histórico e social, profundamente marcado pelo meio social em que vive, com potencial para desempenhar um papel ativo no próprio processo de aprendizagem. Desta forma, as crianças deixam de ser concebidas como aquelas que devem

---

3. VYGOTSKY, Lev S. *Pensamento e linguagem.* São Paulo: Martins Fontes, 1987. VYGOTSKY, Lev S. *Formação social da mente.* São Paulo: Martins Fontes, 1999. VYGOTSKY, Lev S. *Construção do pensamento e da linguagem.* São Paulo: Martins Fontes, 2001.

ser conduzidas passivamente pelos adultos, passando a ocupar seu lugar de protagonista, capaz de apropriar-se da cultura construída pela humanidade e de também produzir culturas próprias das suas infâncias.

Nessa linha de pensamento, no processo de ensino-aprendizagem, o professor passa a levar em consideração a maneira como o aprendizado ocorre nas diferentes faixas etárias, as expectativas e preferências infantis neste processo e o meio social em que estão inseridas.

A importância da ludicidade no aprendizado da criança

Tendo em vista a criança como sujeito ativo no processo de ensino-aprendizagem e sua forma particular de construir o conhecimento, brincar deixou de ser apenas uma atividade de recreação e passou a ser uma atividade séria para as crianças. Alguns estudiosos como Piaget (1975), Vygotsky (1998), Kishimoto (2002) e Luckesi (2005) revelam que os jogos e brincadeiras fazem parte do desenvolvimento humano e estão presentes em nossas vidas desde os primeiros meses de vida viabilizando a compreensão das funções do próprio corpo, dos objetos a nossa volta e das relações entre as pessoas.

Ao relacionar a função do jogo ao desenvolvimento infantil, Piaget (1975) o classifica em três categorias, de acordo com as estruturas que os caracterizam, são elas: jogos de exercício, jogos simbólicos e jogos de regras. Os jogos de exercício estão presentes a partir do primeiro mês de vida e têm por objetivo a prática de movimentos, da manipulação e até de funções superiores como fazer perguntas, pelo simples prazer de executá-las. Os jogos simbólicos, que surgem no segundo ano de vida, dão um novo significado a um objeto através do uso da imaginação; nestes jogos, uma caixa de sapatos passa a ser um carro, quando a criança utiliza os movimentos e os sons característicos deste objeto ao brincar com a caixa. Já os jogos de regras pressupõem relações sociais, as regras são acordadas pelo grupo e é proibido violá-las. Segundo o autor, este tipo de jogo começa a surgir a partir dos quatro anos e se consolida a partir dos sete.

Vygotsky (1998, p. 128) também trata da importância do brincar para o desenvolvimento da criança. Ele afirma que o brinquedo proporciona à criança um estágio de transição entre o concreto e o imaginário, pois ao brincar

> [...] o pensamento está separado dos objetos e a ação surge das ideias e não das coisas: um pedaço de madeira torna-se um boneco e um cabo de vassoura torna-se um cavalo.

A situação imaginária, por sua vez, é o caminho para o desenvolvimento do pensamento abstrato, no entanto segundo o autor:

> A imaginação é um processo psicológico novo para a criança; representa uma forma especificamente humana de atividade consciente, não está presente na consciência das crianças muito pequenas e está ausente nos animais. Como todas as funções da consciência, ela surge originalmente da ação. (VYGOTSKY, 1998, p. 122-123)

Ao afirmar que a imaginação não está presente em crianças muito pequenas, Vygotsky discorda de Piaget. Em suas observações, Vygotsky concluiu que a criança só passa a dissociar o significado do objeto a partir dos 3 anos de idade.

Outra diferença está relacionada ao conceito de regra, para Piaget (1975) ela é um elemento novo que quando acrescentado ao jogo altera sua classificação e há nela "uma ideia de obrigação que supõe, pelo menos, dois indivíduos.". Para Vygotsky (1998) "a noção de que uma criança possa se comportar em uma situação imaginária sem regras é simplesmente incorreta". Neste sentido, não há a necessidade da presença de outro sujeito na brincadeira, uma criança brincando de boneca, ao assumir o papel da mãe, já estará agindo segundo as regras sociais com as quais convive. Para o autor,

> [...] não existe brinquedo sem regras. A situação imaginária de qualquer forma de brinquedo já contém regras de

> comportamento, embora possa não ser um jogo com regras formais estabelecidas a priori. (VYGOTSKY, 1998, p. 124)

Embora Piaget e Vygotsky discordem em alguns pontos ambos consideram o ato de brincar uma atividade que gera prazer e é essencial para o desenvolvimento físico, emocional e cognitivo do sujeito. Ao brincar as crianças se exercitam, observam, deduzem, concluem, criam e se socializam construindo conhecimento e se inserindo na cultura e na sociedade. Desta maneira, esta atividade não pode ser ignorada pela escola como forma de desenvolvimento infantil.

Kishimoto (2002) nos apresenta um breve histórico da utilização do jogo na educação e nos mostra que seu uso vem sendo defendido desde a antiga Grécia por filósofos como Platão, Aristóteles, Horácio e Quintiliano. Inicialmente o jogo foi sugerido como forma de preparo físico ou para a vida em sociedade, e depois introduzido no aprendizado das letras e do cálculo. A autora também comenta que durante o advento do Cristianismo o interesse pelo jogo na educação perdeu sua força e foi retomado apenas durante o Renascimento, no século XVII, através dos ideais humanistas. Atualmente o jogo e a brincadeira são defendidos e utilizados na educação em diferentes momentos e com variados objetivos durante toda a trajetória escolar.

A autora também discute o significado e o uso do jogo na educação atualmente e apresenta o entendimento de autores como Alain (1957), Henriot (1983) e Chateau (1987) sobre esse tema. Ela esclarece que existem divergências entre os autores relacionadas às funções lúdica e educativa do jogo educativo e aponta como objetivo deste manter um equilíbrio entre ambas as funções. Kishimoto (2002) conclui que qualquer jogo utilizado pela escola apresenta um caráter educativo, seja por um conteúdo específico abordado ou pela simples organização do espaço e escolha dos brinquedos ali existentes. E classifica os jogos educativos da seguinte forma:

> O jogo educativo aparece, então, com dois sentidos:
>
> 1. *Sentido amplo:* como material ou situação que permite a livre exploração em recintos organizados pelo professor, visando ao desenvolvimento geral da criança.

2. *Sentido restrito:* como material ou situação que exige ações orientadas com vistas à aquisição ou treino de conteúdos específicos ou de habilidades intelectuais. No segundo caso recebe, também, o nome de jogo didático. (KISHIMOTO, 2002, p. 22)

É no sentido restrito, definido pela autora, que o jogo educativo será tratado nesse texto, ou seja, como forma de explorá-lo na prática pedagógica de um conhecimento específico – o da língua inglesa – com crianças de 3 anos.

Luckesi (2005), ao tratar da ludicidade, a considera uma experiência plena do sujeito que envolve ao mesmo tempo o sentir, o pensar e o agir. Nesse sentido, argumenta o autor:

> O que a ludicidade traz de novo é o fato de que o ser humano, quando age ludicamente, vivencia uma experiência plena. Com isso, queremos dizer que, na vivência de uma atividade lúdica, cada um de nós estamos plenos, inteiros nesse momento; nos utilizamos da atenção plena, como definem as tradições sagradas orientais. Enquanto estamos participando *verdadeiramente* de uma atividade lúdica, não há lugar, na nossa experiência, para qualquer outra coisa além dessa própria atividade. Não há divisão. Estamos inteiros, plenos, flexíveis, alegres, saudáveis. (LUCKESI, 2005, p. 43, grifo do autor)

Ou seja, uma atividade não pode ser considerada lúdica simplesmente por se tratar de um jogo ou brincadeira, ela será lúdica apenas se conseguir despertar no sujeito a sensação de plenitude em seu desenvolvimento e alegria em seu resultado. A este respeito Luckesi (2005, p. 6) afirma:

> Deste modo, uma atividade descrita objetivamente, seja pela sua estrutura seja pelo seu comprometimento com uma determinada herança sociocultural (como o folclore, os brinquedos tradicionais etc), não necessariamente será lúdica para o sujeito que a vivencia. Ou seja, objetivamente, podemos descrevê-la como lúdica, mas não necessariamente,

ela propiciará a todos, que a vivenciarem um estado de plenitude de experiência.

O autor acrescenta que a ludicidade não é exclusiva da infância ou das brincadeiras, ela pode estar presente em qualquer atividade e em toda faixa etária desde que o sujeito vivencie uma experiência plena de alegria interna.

Desta forma, podemos concluir que o ato lúdico está em uma atividade que quando vivenciada envolve o sujeito de forma plena e gera prazer. Sendo que esta combinação de envolvimento e prazer atua como facilitadora da aprendizagem, mas se concretiza de formas diferentes de acordo com o modo como a criança se apropriou/apropria das vivências em que esteve/está inserida, tendo em vista os diversos espaços de socialização – família, escola, meios de comunicação de massa, por exemplo.

A criança como aprendiz de línguas

A aprendizagem de um segundo idioma ocorre de formas diferentes devido aos diversos fatores que influenciam este processo, entre eles podemos destacar a idade do aprendiz. No caso das crianças alguns aspectos como o desenvolvimento cognitivo e da linguagem atuam como limitadores deste processo e outros como o tempo de exposição à nova língua e as preferências quanto às atividades desenvolvidas podem influenciar o desempenho dos aprendizes, pois resultarão em um aprendizado mais ou menos eficiente e significativo.

Segundo Cameron (2001), até pouco tempo acreditava-se que ao atingirem os 5 anos de idade as crianças já dominavam o uso de sua primeira língua. No entanto, estudos mais recentes provaram que na verdade as crianças só incorporam algumas estruturas da língua após o processo de alfabetização que possibilita o contato com textos cada vez mais complexos. De acordo com Cameron (2001 apud PERERA, 1984), estudos sobre a aquisição do inglês como primeira língua revelaram que as crianças têm dificuldade para utilizar determinados pronomes relativos como "cujo" ou os precedidos por preposição como "no qual". Outra dificuldade verificada foi o uso da conjunção adversativa "mas", que só é incorporada ao uso da língua por volta dos onze anos. As expressões "embora" e "exceto se" também oferecem dificuldades até os quinze anos. Isso acontece porque estes termos expressam relações lógicas entre as ideias da frase e seu uso correto exige que a criança tenha desenvolvido tanto a compreensão lógica quanto a linguagem necessária para organizar a mensagem. Desta forma, Cameron (2001) afirma que o professor de uma segunda língua precisa estar ciente desta realidade para não exigir habilidades que as crianças não são capazes de atingir.

A autora também alerta os professores de uma segunda língua para o fato de que o aprendizado da primeira língua não segue um padrão e, desta forma, as habilidades linguísticas podem ser diferentes entre as crianças. Por exemplo, algumas crianças podem ter problemas para aprender vocabulário e outras podem já ter desenvolvido o discurso em sua primeira língua e serem capazes de transferir esta habilidade para o aprendizado da segunda língua. Por esta razão o mesmo conteúdo pode ser absorvido de forma diferente por alunos da mesma turma. Assim, podemos concluir que o aprendizado da segunda língua estará condicionado às habilidades já desenvolvidas pela criança na primeira língua.

Cameron (2001) acrescenta a interferência que a primeira língua pode causar no aprendizado da segunda ao citar a teoria do Modelo de Competição, a qual estabelece que

> [...] línguas diferentes têm formas diversas de carregar significado, e estas formas específicas de codificar significados agem como "dicas" para se interpretar o que é dito. (CAMERON, 2001 apud BATES; MACWHINNEY, 1989, p. 14, tradução nossa)

Essas pistas podem ser geradas por diversos aspectos da língua, dentre eles o léxico, a fonologia e a morfologia. De acordo com a autora (2001 apud BATES et al., 1984) as crianças desenvolvem um sistema de compreensão desde a primeira infância. Quando bebês, elas aprendem a prestar atenção a determinadas dicas que carregam informações relevantes para a compreensão do significado na primeira língua e quando mais velhas transferem estas estratégias para o aprendizado da segunda. No entanto, se as duas línguas possuírem organizações diferentes, a transferência será inútil para a compreensão e a criança precisará ser ajudada para notar que existe outro padrão na nova língua.

A autora também discorre sobre a influência do tempo de exposição no aprendizado de uma nova língua e sobre a qualidade desta exposição. Ela salienta que aprender uma segunda língua durante encontros semanais em uma escola é muito diferente de aprendê-la em imersão, no entanto estudos mostram que mesmo em uma situação de imersão as crianças apresentam algumas vantagens e desvantagens no aprendizado da segunda língua em comparação aos adultos. As crianças se beneficiam no aprendizado da compreensão auditiva e da pronúncia, mas aprendem a gramática de forma mais lenta que os aprendizes mais velhos e isso acaba prolongando seu tempo de aquisição de uma segunda língua. A este respeito Cameron (2001, p. 17, tradução nossa) afirma:

> Aprender uma segunda língua por imersão é diferente de aprender uma língua estrangeira como uma matéria de escola várias vezes na semana; as crianças em uma situação de imersão estudam as matérias escolares na segunda língua e, portanto estão mais expostas e adquirem mais experiência com a língua. No entanto, é improvável que a diferença na quantidade de experiências durante o aprendizado da língua afetará o equilíbrio dos benefícios; no aprendizado de uma língua estrangeira, é provável que as habilidades receptivas se desenvolvam antes das habilidades produtivas, e o conhecimento gramatical, que está relacionado não apenas com o desenvolvimento da língua, mas também com o desenvolvimento cognitivo, se desenvolva mais lentamente em crianças pequenas.

Quanto às preferências das crianças, Moon (2000) destaca que elas gostam de se divertir e quando a atividade é divertida elas se envolvem por mais tempo, o que facilita a fixação do conteúdo. O fato das crianças gostarem das atividades desenvolvidas também ajuda a criar uma postura positiva com relação ao aprendizado da língua, pois esta é relacionada a momentos prazerosos.

Outro aspecto destacado pela autora é o fato das crianças gostarem de se movimentar e utilizarem esta estratégia naturalmente para explorar o ambiente e interagir com as pessoas. Ela aconselha que os professores utilizem músicas com movimentos coordenados, jogos e dramatizações que explorem o conteúdo proposto, pois essas atividades auxiliam a compreensão e fixação da língua.

Halliwell (1992), ao tratar das características de crianças pequenas que podem ajudar na aquisição de uma segunda língua, também cita o gosto que demonstram pela diversão e brincadeira. A autora acrescenta a capacidade infantil para a imaginação e fantasia apontando que o professor deve utilizar esta ferramenta em suas atividades como forma de motivar a participação das crianças. Outra característica infantil apontada pela autora é a aprendizagem indireta, ou seja, as crianças aprendem sem se engajarem em um sistema, mas de forma inconsciente e espontânea. Neste sentido, ela defende o uso de jogos e brincadeiras no ensino-aprendizagem de uma segunda língua, pois, além de proporcionarem diversão, eles são uma maneira de oportunizar uma aprendizagem indireta. Segundo Halliwell (1992, p. 6, tradução nossa), os jogos

> [...] proporcionam uma oportunidade para o uso e processamento real da língua enquanto a mente está focada na tarefa de jogar. Desta forma, os jogos são uma oportunidade muito eficaz para a aprendizagem indireta. [...] Eles são o centro do processo de aquisição da língua.

Levando em consideração as características destacadas pelas autoras Cameron (2001), Moon (2000) e Halliwell (1992), podemos concluir que a criança apresenta particularidades como aprendiz de línguas que devem ser conhecidas e respeitadas pelo professor na organização e planejamento de suas práticas. Este conhecimento o ajudará a identificar propostas inadequadas e adaptá-las de acordo com as necessidades e expectativas da criança a fim de que as aulas sejam interessantes e proporcionem a aquisição da nova língua.

Ensinando e aprendendo a língua inglesa: relato de experiência de uma professora com crianças pequenas

Aqui relato o trabalho com as turmas do Maternal 2 de uma escola particular localizada na cidade de Bauru, compostas por crianças de 3 anos de idade, sendo que no início do ano algumas ainda tinham 2 anos. A turma da manhã possui 12 alunos e a da tarde 11 alunos, nenhum com necessidades especiais. Nos próximos tópicos trato de contextualizar a escola, a turma e o planejamento proposto e também relato a experiência vivenciada por mim com as crianças, destacando algumas atividades lúdicas desenvolvidas.

A escola adota um sistema de ensino apostilado que inclui também as aulas de inglês. A apostila de inglês é separada e contém as atividades que serão trabalhadas durante todo o ano. Ela é dividida em nove unidades e possui três revisões, uma a cada três unidades. Cada unidade traz um tópico que trabalha duas ou três palavras em uma Introdução, quatro Lições e um Projeto.

A distribuição do conteúdo fica sob responsabilidade do professor tendo em vista os dias letivos. As aulas acontecem uma vez por semana com duração de cinquenta minutos.

Existe um "Manual de Orientação ao Professor" que traz uma apresentação do curso, seus objetivos, orientações metodológicas e alguns procedimentos para cada lição. O material também inclui um conjunto de figuras que ilustram o vocabulário trabalhado na apostila.

Embora este material, oferecido pela escola, inclua um manual com procedimentos para cada lição, a maioria destas sugestões se restringe a apresentação do conteúdo com material concreto e técnicas para a realização das atividades da apostila. Poucas lições trazem sugestões de atividades lúdicas que podem ser realizadas para a prática e fixação do conteúdo, a maioria apenas sugere que o professor repita o vocabulário com as crianças ou peça que elas apontem para a figura correta na apostila. Desta forma, fica a encargo do professor planejá-las e incluí-las nas aulas.

A escolha das atividades lúdicas deve levar em consideração tanto o desenvolvimento cognitivo das crianças quanto suas preferências.

Atividades com regras complexas não serão compreendidas por elas e resultarão em frustração ao invés de prazer. E, como é dito por Luckesi (2005), a forma como cada uma sente e reage a uma atividade também deve ser levada em consideração para que possamos considerá-la lúdica ou não. Neste sentido, a sensibilidade do professor ao observar as reações de sua turma e a abertura para a escuta das crianças e o diálogo são essenciais para uma escolha adequada.

A este respeito, Paulo Freire (1996, p. 22) nos orienta afirmando que "[...] ensinar não é transferir conhecimento, mas criar possibilidades para sua produção ou a sua construção." E acrescenta que para criar essas possibilidades o professor deve compreender que:

> Não há docência sem discência, as duas se explicam e seus sujeitos apesar das diferenças que os conotam, não se reduzem à condição de objeto, um do outro. Quem ensina aprende ao ensinar e quem aprende ensina ao aprender. (FREIRE, 1996, p. 23)

Breve contextualização sobre a escola, a organização das turmas e a proposta de planejamento para o trabalho com as crianças

A escola fica localizada em um bairro de classe média, em uma rua movimentada próxima a uma importante avenida de acesso a vários bairros, na cidade de Bauru (SP). Trata-se de uma escola particular de porte médio que atende crianças de 0 a 5 anos e está interligada a outra escola que atende a crianças e jovens do Fundamental ao Ensino Médio. Juntas formam um complexo escolar de mesmo nome fantasia, mas com estruturas separadas para atender as necessidades de cada público.

A Educação Infantil funciona em dois prédios adaptados e interligados. A recepção é pequena, mas acolhedora, de um lado possui um laguinho com peixes e tartarugas, e de outro alguns pufs. As crianças entram pelo portão, que é aberto eletronicamente, são recepcionadas pela assistente de coordenação que as acolhe carinhosamente, passam por cima do lago, cruzam uma porta de madeira, passam pela sala da coordenação e chegam a um pátio coberto. Os bebês são levados para o berçário e os maiores são direcionados para suas salas onde aguardam a professora na companhia das assistentes.

O pátio é pequeno e dá acesso aos outros ambientes da escola: ao lado da entrada, com a porta voltada para o pátio fica o berçário; do lado direito fica a rampa que leva a quatro salas de aula; do lado esquerdo a sala do Minigrupo (crianças de 1 ano de idade) e o acesso ao refeitório e uma sala de aula; ao fundo a cozinha, os bebedouros, lavatórios, banheiros e o acesso ao parque, à horta e a um espaço de convivência utilizado para atividades ao ar livre.

A escola funciona em dois períodos, manhã e tarde, sendo que algumas crianças permanecem período integral. Na Educação Infantil existem duas turmas de cada etapa, Minigrupo, Maternal 1 (crianças de 2 anos), Maternal 2 (crianças de 3 anos), Pré 1 (crianças de 4 anos) e Pré 2 (crianças de 5 anos), sendo uma de manhã e outra à tarde. Cada etapa é atendida em uma sala de aula específica com mobiliário e organização adequados à faixa etária, com exceção do Pré 1 da tarde que foi deslocado para uma sala de aula maior que atende ao primeiro ano no período da manhã.

O planejamento das aulas deve ser baseado no conteúdo proposto, não há liberdade para mudanças, pois existe a preocupação com a utilização do material que é pago pelos pais. Tampouco há tempo para a inclusão de outros conteúdos. A liberdade do professor está restrita às práticas orais que utilizará e a forma ou frequência com que usará o inglês em sala de aula.

Embora o material proponha o uso do inglês nas aulas, ele se limita ao vocabulário proposto e algumas perguntas relacionadas como "What is it?", "Is it a/an ______?" ou "What color is it?". Seguindo a proposta de Moon (2000) para a utilização da primeira e segunda língua em um ambiente de aprendizagem para crianças, resolvi gradativamente incluir outras frases ou comandos durante a aula. A autora salienta a importância do professor utilizar a segunda língua em sala de aula, pois ele é a única fonte de *input* que os alunos possuem e o tempo de exposição é um dos fatores que influenciam a aquisição de uma língua, quanto maior o tempo de exposição mais oportunidades o aluno terá para aprender.

No entanto, Moon (2000) também alerta para alguns fatores que devem ser levados em consideração pelo professor ao utilizar a segunda língua em sala de aula. Entre eles estão a própria confiança do professor no uso da língua e a idade, motivação e experiência prévia das crianças, que podem tornar difícil ou inadequado o uso da segunda língua. A autora sugere que o professor utilize o inglês em situações conhecidas pelas crianças, pois desta forma elas não terão dúvidas sobre o que fazer e ao mesmo tempo estarão expostas com mais frequência ao segundo idioma. Outra proposta é utilizar frases curtas, cognatos e gestos para demonstrar o significado. Seguindo estes critérios tenho realizado os comandos de atividades conhecidas em inglês, como a organização da roda.

A ludicidade no ensino da língua inglesa e o aprendizado de crianças de 3 anos

Meu primeiro desafio com as crianças de 3 anos foi tornar significativo o aprendizado de uma segunda língua, uma vez que para a maioria o conceito de língua ainda não existe. Eu queria que as crianças percebessem que na aula de inglês elas estariam aprendendo a se comunicar de uma forma diferente do português e que ficassem motivadas a fazê-lo. Levando em consideração o papel do imaginário para a compreensão do real e a afirmação de Dias (2005, p. 50) de que "A criança precisa de tempo e de espaço para trabalhar a construção do real pelo exercício da fantasia.", resolvi usar bonecos de um conhecido programa infantil, "Charlie e Lola", e criar uma estória que apresentaria os personagens como moradores de um lugar muito distante onde as pessoas falam de uma forma diferente e as coisas têm outros nomes. Expliquei que nesse lugar, as pessoas cumprimentam-se dizendo *"Hello"*, nesse momento, pedi para as crianças repetirem a palavra *hello* e depois as convidei a cumprimentar os bonecos dizendo *"Hello, Charlie."* e *"Hello, Lola."*. Depois cumprimentamos os colegas, um por um, procedimento que repetimos todo início de aula. Recentemente pude perceber que a estratégia de diferenciar o inglês do português funcionou, pois um dos meninos da turma relatou para um primo que na escola dele tinha aula de inglês e lá ele era um *boy*.

A ludicidade está presente em diferentes momentos da aula e de diversas formas. Ao iniciar a aula cantando uma música, ao apresentar o conteúdo com bonecos e brinquedos, ao praticar o conteúdo com jogos didáticos e, às vezes, ao final da aula com alguma brincadeira mais tradicional como "Elefantinho colorido", "Patinho feio" ou "Estátua".

As aulas seguem uma determinada rotina: ao chegar cumprimento as crianças dizendo: "*Hello, guys*" ou "*Hello, everybody*". Depois chamo as crianças para formarem uma roda e sentarem no tatame. Em seguida cantamos "*Hello boy, hello girl*"[4], música que adaptei de outras versões de *hello songs*, cantada no ritmo da parte inicial de "Frère Jacques". Cumprimentamos os bonecos Charlie e Lola e os colegas, dizendo "*Hello*, (e o nome)". Depois apresento ou reviso o vocabulário da unidade utilizando figuras ou brinquedos. Neste momento todas as crianças pegam os bonecos e os brinquedos e os trocam entre si. Às vezes é preciso intervir neste momento para ajudar a resolver algum conflito. Em seguida utilizo algum jogo didático que adapto com o uso de figuras ou dos brinquedos para praticar o novo conteúdo ou revisar o conteúdo já trabalhado. Então encaminho as crianças para as mesas nas quais realizam a atividade proposta pela apostila. Conforme as crianças terminam, visto as atividades com um "Very Good" e recolho as apostilas. Quando todos terminam e ainda temos alguns minutos disponíveis, brincamos de "Estátua" ou cantamos uma música acompanhada de coreografia simples, baseada em gestos. Ao terminar a aula me despeço dizendo "Bye, bye.".

Às vezes as crianças propõem as brincadeiras de acordo com as que mais gostaram e nesse momento é muito mais produtivo atender aos pedidos do que insistir no planejado, a não ser que a proposta não atenda ao objetivo do conteúdo. Neste caso, negociamos e fazemos primeiro a atividade planejada e depois a proposta pelas crianças. A brincadeira do "Patinho feio" foi realizada pela primeira vez devido ao pedido de um aluno da turma da manhã. Neste dia aproveitei para revisar as cores durante a brincadeira mostrando um

4. Letra: *Hello, boy. Hello, girl.* Hello, boy. Hello boy. Hello, girl. Hello, girl.

cartão com uma determinada cor e perguntando *"What color is it?"* à criança que sentava de volta na roda após escapar do patinho feio.

A seguir destaco algumas atividades lúdicas que utilizo nas práticas de acordo com o conteúdo trabalhado.

Boy e *girl*:

Por meio da brincadeira de "Estátua" na qual as crianças precisam parar de se movimentar ao ouvirem a palavra "*Freeze*". Neste momento escolho a criança que ficou mais tempo imóvel para responder a pergunta "Você é boy ou girl?" Conforme a brincadeira avança, a pergunta passa a ser em inglês *"Are you a boy or a girl?"*.

Com o auxílio dos bonecos "Charlie e Lola" e da brincadeira "Corra e fale". Nesta brincadeira, coloco o boneco do "Charlie" em um extremo da sala e o boneco da "Lola" em outro e chamo os nomes das crianças um de cada vez. Ao ouvir o nome a criança precisa correr para o lado em que está o boneco correspondente ao seu gênero e ao chegar lá dizer a palavra correspondente *"boy"* ou *"girl"*.

Hello:

Através da música *"Hello boy, hello girl"* e da brincadeira "Roda com bola", na qual uma criança cumprimenta a outra dizendo "*Hello* (e o nome do amigo)" e depois joga ou rola uma bola para este amigo.

Blue e *yellow*:

Com a brincadeira "Elefantinho colorido", na qual as crianças precisam encontrar e tocar em um objeto da cor que for solicitada pelo professor.

Ball, blue e *yellow*:

Através da brincadeira "Sacola surpresa", com bolinhas plásticas azuis e amarelas. Sentadas em círculo no tatame, as crianças vêm individualmente até o professor e de olhos fechados pegam uma bolinha na sacola surpresa. Neste momento pergunto a cor da bolinha dizendo: *"What color is it?"*, e eles respondem: *"Blue"* ou *"Yellow"*.

Ballon, blue e *yellow*:

Com uma chuva de bexigas azuis e amarelas, na qual as crianças ajudam a manter as bexigas no ar batendo as mãos para jogá-las para cima. Ao final cada um pega uma bexiga de cada cor, diz o que são e suas cores em inglês.

One, two, blue e *yellow*:

Boliche com apenas dois pinos, um amarelo e outro azul. As crianças se revezam tentando derrubar os pinos com uma bola. Ao derrubarem contam os pinos derrubados com a ajuda da professora e respondem de que cores são.

Hands e *feet*:

Através da música "Clap your hands"[5], adaptada a partir da música de mesmo nome[6].

Red, green, blue e *yellow*:

Através da brincadeira "Acerte o balde", que consiste em jogar uma bolinha de plástico dentro de um balde da mesma cor. Ao escolher a bolinha que irá arremessar, a criança diz sua cor em inglês como resposta à pergunta "What color is it?".

Nem todas as atividades planejadas funcionam como o esperado. Às vezes o que consideramos lúdico não desperta nenhum interesse ou motivação nas crianças e se revela sem nenhuma ludicidade para elas. Quando isso acontece é melhor adaptar a atividade ou substituí-la por outra que já se demonstrou bem-sucedida. Os exemplos de atividades citados foram bem aceitos pelas duas turmas, tanto a do período da manhã quanto a da tarde, porém, em outro contexto, podem se revelar sem ludicidade, por isso a observação e a escuta

5. Letra: *Clap your hands*
Clap your hands, clap your hands.
Listen to the music and clap your hands.
Stamp your feet, stamp your feet.
Listen to the music and stamp your feet.
Turn around, turn round.
Listen to the music and turn around.

6. Disponível em: <https://www.youtube.com/watch?v=eQmP9pC7okY>. Acesso em: 25 set. 2015.

atenta das crianças dentro de sala de aula é indispensável para o sucesso dos objetivos.

Considerações finais

Diante do exposto, podemos perceber que o sucesso do processo de ensino-aprendizagem de uma segunda língua para crianças pequenas exige do professor tanto conhecimentos acerca do desenvolvimento infantil e da construção do conhecimento nesta faixa etária quanto a compreensão das características deste público como aprendizes de línguas.

Compreender a criança como protagonista de sua aprendizagem, conceber o jogo como aliado deste processo e entender a ludicidade como uma característica que não é inerente ao jogo, mas como um movimento interno do sujeito que gera prazer, auxiliando a aprendizagem, ajudam o professor a organizar e desenvolver práticas adequadas que conduzam a criança à construção do conhecimento. No entanto, o ensino de uma segunda língua na Educação Infantil também requer que o educador compreenda as limitações e possibilidades presentes em sua realidade que podem influenciar a aquisição da nova língua pelas crianças.

No caso da experiência que descrevo neste artigo, o conteúdo e o tempo de exposição já estão determinados, porém o professor ainda conta com a liberdade de desenvolver práticas orais que respeitem as características das crianças como aprendizes e em especial como aprendizes de línguas.

O sucesso deste processo depende também da sensibilidade e criatividade do professor e da escuta atenta dos alunos em sala de aula, pois a ludicidade como facilitadora da aprendizagem está condicionada à forma como os alunos vivenciam e reagem às práticas. Ou seja, a atividade só será lúdica e cumprirá seu papel de facilitadora da aprendizagem se envolver a criança de forma plena e lhe proporcionar prazer.

Referências

BRASIL. *Resolução CNE/CEB nº 05/2009*. Fixa Diretrizes Curriculares Nacionais para a Educação Infantil. Disponível em: <http://portal.mec.gov.br/dmdocuments/rceb005_09.pdf>. Acesso em: 11 set. 2015.

_____. Ministério da Educação e do Desporto. Secretaria de Educação Fundamental. *Referencial Curricular Nacional para a Educação Infantil - Introdução*. Ministério da Educação e do Desporto, Secretaria de Educação Fundamental. Brasília: MEC/SEF, 1998. Disponível em:<http://portal.mec.gov.br/seb/arquivos/pdf/rcnei_vol1.pdf>. Acesso em: 14 ago. 2015.

CAMERON, L. *Teaching English to Young Learners*. Cambridge: Cambridge University Press, 2001.

FREIRE, Paulo. *Pedagogia da autonomia:* saberes necessários à prática educativa. Rio de Janeiro: Paz e Terra, 1996.

HALLIWELL, S. *Teaching English in the Primary Classroom*. Edinburgh Gate: Longman, 1992.

KISHIMOTO, T. M. et al. *Jogo, brinquedo, brincadeira e educação*. 10. ed. São Paulo: Cortez, 2005.

_____. *O jogo e a Educação Infantil*. São Paulo: Pioneira Thomson Learning, 2002.

LUCKESI, C. C. *Ludicidade e atividades lúdicas:* uma abordagem a partir da experiência interna. 2005. Disponível em: <www.luckesi.com.br>. Acesso em: maio 2015.

MOOM, J. *Children learning English*. Oxford: Macmillan Heinemann, 2000.

PÁDUA, G. L. D. A epistemologia genética de Jean Piaget. *Revista FACEVV*, Vila Velha, n. 2, p. 22-35, 2009.

PIAGET, Jean. *A formação do símbolo na criança:* imitação, jogo e sonho, imagem e representação. 2. ed. Rio de Janeiro: Zahar, 1975.

VIGOTSKI, L. S. *A formação social da mente*. Tradução de José Cipolla Neto, Luiz Silveira Menna Barreto, Solange Castro Afecheto. 6. ed. São Paulo: Martins Fontes, 1998.

Tecnologias da Informação e da Comunicação na Educação

Fernanda Pereira da Silva[1]

Introdução

A temática deste capítulo está voltada para as tecnologias aplicadas à educação como meio para auxiliar o processo de ensino/aprendizagem. Trata-se de um excerto da pesquisa de mestrado que venho desenvolvendo no Programa de Mestrado em Gestão e Práticas Educacionais (Progepe) na Universidade Nove de Julho (Uninove). A motivação para realizar este estudo surgiu a partir de experiências vividas em meu trabalho. Como servidora pública do Instituto Federal de São Paulo (IFSP), atuando no setor de Informática, trabalhei desde o ano de 2009 com laboratórios de Informática, e a partir de 2013 atuando como Gestora de Tecnologia da Informação do Campus São Paulo. Em 2014 começava a despertar em mim a preocupação de colocar em prática um grande projeto para implantar outras tecnologias no Campus São Paulo, recebemos do Ministério da Educação (MEC) um lote de Lousas Digitais e Tablets Educacionais destinados aos professores efetivos e, a partir daí, ideias para um bom uso destes equipamentos foram surgindo.

Neste período também recebi, por parte do diretor Geral do Campus,o convite para ministrar aulas no curso profissionalizante de Operador de Computador, oferecido pelo IFSP no Programa Nacional de Acesso ao Ensino Técnico e Emprego (Pronatec). Este foi um convite muito desafiador, tentei recusar, porém, o diretor geral me orientou a refletir mais, disse para que eu entendesse aquelas aulas como um compromisso social.

Depois de pensar muito, decidi aceitar aquele desafio. E certamente, aprendi com meus alunos tanto ou mais do que eles aprenderam comigo. Muitas coisas começaram a fazer sentido

1. Mestranda no Programa de Mestrado em Gestão e Práticas Educacionais (Progepe) da Universidade Nove de Julho (Uninove). Graduada em Gestão de TI com especialização em Engenharia da Qualidade. Atua no Instituto Federal de São Paulo com Tecnologia da Informação.

pra mim e graças a esta experiência comecei a enxergar o quanto as tecnologias, especialmente a Tecnologia da Informação (TI) é importante no ambiente educacional e a forma como ela pode contribuir para transformar de forma positiva a vida das pessoas. Despertava em mim o desejo de contribuir com esse imenso universo educacional unindo inovações à prática pedagógica.

As duas experiências, a atuação na equipe gestora e o contato em sala de aula, foram muito gratificantes. Pude conhecer e compreender questões administrativas e pedagógicas de uma escola que não imaginava que existiam. Tornaram-se motivação para que eu pudesse encontrar maneiras de colocar as Tecnologias da Informação e Comunicação (TICs) como ferramentas auxiliares para interação didática no processo ensino/aprendizagem.

Este capítulo está dividido em quatro partes. Na primeira, intitulada "A tecnologia", discuto o surgimento da tecnologia e seu conceito sob a ótica de diferentes autores. Na segunda parte, "As tecnologias da informação e comunicação na educação", mostrando formas como elas podem ser utilizadas. Na terceira parte, "Tecnologias digitais e educação", apresento que as tecnologias podem potencializar o ensino/aprendizagem e, na quarta e última parte, "Lousas digitais interativas e suas características", apresento a lousa digital, como ela pode ser usada na educação e suas características.

A tecnologia

A história da tecnologia se inicia com a própria história da humanidade. Desde os primitivos com a descoberta do fogo, passando pela bússola que tanto contribuiu com as grandes navegações, as máquinas que marcaram a Revolução Industrial, as armas utilizadas em guerras, os automóveis que transformaram os meios de locomoção e transporte, chegando aos dias atuais, com a eletrônica, microeletrônica, informática, entre outras tecnologias presentes que proporcionam à humanidade cada vez mais conforto e facilidade para acessar as informações. Cada qual a seu tempo e acompanhando cada contexto histórico, as tecnologias surgem com o papel de tornar melhor o cotidiano das pessoas. Facilitando atividades, otimizando recursos e inovando a cada época.

Podemos considerar que a evolução do homem e da tecnologia caminham paralelamente. Não desconsiderando qualquer avanço de épocas passadas, pois a partir deles é que chegamos às descobertas atuais e, certamente estas, nos possibilitarão avanços futuros, sendo que uma descoberta é decorrente de outras, acompanhando e tentando suprir o que o homem precisa em termos de inovações, avanços e desenvolvimento.

Para Levy (1993), a tecnologia é uma forma de linguagem, e a linguagem pertence a uma técnica de ordem cultural:

> Mas quando colocamos de um lado as técnicas e do outro os homens, a linguagem, os símbolos, os valores, a cultura ou o "mundo da vida", então o pensamento começa a resvalar. [...]. (LEVY, 1993, p. 8)

Seria esta uma forma de tecnologia imaterial, porém, não menos importante, já que por meio da linguagem acontece o processo de comunicação? A tecnologia pode ser interpretada não apenas como um instrumento, ferramenta ou equipamento material, mas também como algo imaterial, como procedimentos, métodos, técnicas etc. Assim, a tecnologia, nem sempre está relacionada apenas com a informática ou com a Tecnologia da Informação (TI), embora por tendência, alguns desses conceitos se confundam.

A tecnologia está presente em diversos espaços e aspectos sociais e culturais. Os computadores, notebooks, tablets, smartphones, entre outros equipamentos são exemplos de inovações tecnológicas comumente utilizadas e aplicadas em diversas atividades e práticas cotidianas. O uso cada vez mais amplo e frequente de inovações tecnológicas é entendido como um dos principais motivos da aceleração do desenvolvimento das novas tecnologias nas últimas décadas, visto que, a cada necessidade humana atendida, uma outra necessidade é gerada, o que contribui para o aperfeiçoamentos cíclico tecnológico e avanços que tornam possíveis inovações de grande importância para a sociedade.

No dicionário de filosofia de Abbagnano (1982, p. 906), o verbete tecnologia significa "o estudo dos processos técnicos de um determinado ramo de produção industrial ou de mais ramos". E o significado de técnica:

> Compreende todo o conjunto de regras aptas a dirigir eficazmente uma atividade qualquer. A técnica, neste sentido, não se distingue nem da arte nem da ciência nem de qualquer processo ou operação para conseguir um efeito qualquer: o seu campo estende-se tanto quanto o das atividades humanas. (ABBAGNANO, 1982, p. 906)

Álvaro Vieira Pinto (2005) afirma que a adequada conceituação de tecnologia tem como ponto de partida a compreensão do avanço tecnológico como expressão do processo de desenvolvimento das forças produtivas da sociedade (sendo a principal delas o trabalho), destacando que, a tecnologia pode ser entendida como o estado de desenvolvimento do trabalho social. Para o autor, o termo tecnologia tem sido usado de formas variadas e, apesar de não existir um termo considerado errôneo para esta definição, aponta dois significados: a tecnologia vista como a teoria, a ciência, o estudo, a discussão da técnica: "a 'tecnologia' aparece aqui com o valor fundamental exato de 'logos da técnica'" (PINTO 2005, p. 219); e a tecnologia como a ideologia da técnica, que para ele, "[...] a palavra tecnologia menciona a ideologia da técnica" (PINTO 2005, p. 220).

Segundo o autor, a tecnologia leva em conta a diversidade de significados a ela atribuídos, principalmente seu aspecto ideológico, visto que

> as presentes condições sociais possibilitam a utilização das discussões sobre a técnica, suas relações com a ciência e o papel desempenhado na vida dos homens, para fins nitidamente ideológicos. (PINTO 2005, p. 228)

É neste sentido que o autor defende que conceitos como "explosão tecnológica" e "era tecnológica" devem ser evitados, repensados e analisados, pois estes termos são considerados simplistas diante de todo o contexto histórico.

Análises simplistas são aquelas que colocam o momento atual como o melhor e mais desenvolvido quando se trata de tecnologia, desconsiderando ou mesmo minimizando o grau de importância de antigas tecnologias. Pinto (2005) faz uma reflexão sobre o termo "era tecnológica" e ressalta que refere-se a toda e qualquer época da história, desde que homens e mulheres são considerados seres capazes de desenvolver projetos e de realizar os objetos ou as ações que projetam e planejam.

O homem projeta com o intuito de atender necessidades individuais, porém, inserido no meio social, a necessidade individual pode ser a mesma de outros homens, o que oferece ao projeto um caráter coletivo e social. Os grandes desenvolvimentos e inovações tecnológicas que atualmente nos maravilham

> [...] são o resultado de um longo processo de acumulação de conhecimentos a respeito das propriedades dos corpos, dos materiais e dos fenômenos da natureza. (PINTO 2005, p. 72)

O pensamento de "era tecnológica" é, de certa forma, uma pensamento que premia ou coloca em vantagem a época atual, desconsiderando as inovações tecnológicas registradas em outros períodos históricos da humanidade, o autor usa a expressão "ingenuidade do embasbacamento" (PINTO 2005, p. 142), defendendo que, na perspectiva da história, os avanços tecnológicos sempre ocorreram:

> Considerar sem paralelo o avanço da história, agora espetacular, representa, em termos absolutos, uma ingenuidade, e no entanto é evidente que tal progresso se vem acelerando crescentemente. Apenas, torna-se preciso reparar que esse avanço e aceleração sempre existiram, fazendo-se por saltos qualitativos equivalentes aos atuais, ocorrendo em momentos imprevisíveis. (PINTO 2005, p. 69)

Segundo Kenski (2011, p. 15), "[...] as tecnologias são tão antigas quanto a espécie humana". Uma cadeira, um caderno, uma caneta, um lápis ou uma lapiseira são tecnologias. Um garfo e uma faca, uma panela de pressão, um travesseiro ou um cobertor são outras tecnologias. Para o autor, essas tecnologias exercem grande influência sobre a tradicional organização da sociedade:

> Na atualidade, o surgimento de um novo tipo de sociedade tecnológica é determinado principalmente pelos avanços das tecnologias digitais de comunicação e informação e pela microeletrônica. Essas novas tecnologias – assim consideradas em relação às tecnologias anteriormente existentes –, quando disseminadas socialmente, alteram as qualificações profissionais e a maneira como as pessoas vivem cotidianamente, trabalham, informam-se e se comunicam com outras pessoas e com todo o mundo. (KENSKI, 2011, p. 22)

Pinto, utiliza os termos "produtor" e "produção" para explicar como o homem projeta para transformar sua própria condição de vida: "[...] promovendo e estabelecendo novos vínculos produtivos com as forças e substâncias da natureza [...]", a partir da mediação entre homem e máquina, podemos entender "produtor" como "desenvolvedor" e "produção" como desenvolvimentos". É preciso ter uma compreensão do processo histórico, que considere o caráter cultural e social da população, sem separar desenvolvedor e desenvolvimento, contribuindo com a relação dialética que os faz interagir. Toda máquina e toda criação tecnológica, material ou imaterial, correspondem a uma necessidade humana, um processo, e têm origem. As relações entre necessidade de desenvolvimento e desenvolvedor definem possibilidades de aproveitamento das máquinas/equipamentos e das técnicas, bem como o sucesso ou não das mesmas. A palavra técnica conceitua a forma de como algo é feito, ou seja,

> [...] O modo de fazer consiste em uma forma ordenada de operações, tendo em vista, de um lado, o fim a alcançar, o produto a fabricar, e, de outro lado, as propriedades da matéria que é obrigada a utilizar e as resistências a vencer. (PINTO, 2005, p. 135)

A técnica e a máquina objetivam uma mediação que auxilie a função de constituir e melhorar relações humanas. Toda ferramenta é mediadora para concretizar uma determinada atividade fim, na qual o homem é considerado sempre o sujeito deste processo.

A técnica e o surgimento do indivíduo são advindos de uma mesma época, e está presente em toda humanidade, o que explica o caráter técnico de toda a ação e criação humana.

> O cúmulo da cegueira é atingido quando as antigas técnicas são declaradas culturais e impregnadas de valores, enquanto que as novas são denunciadas como bárbaras e contrárias à vida. Alguém que condena a informática não pensaria nunca em criticar a impressão e menos ainda a escrita. Isso, porque a impressão e a escrita (que são técnicas!) o constituem em demasia para que ele pense em apontá-las como estrangeiras. Não percebe que sua maneira de pensar, de comunicar-se com seus semelhantes, e mesmo de acreditar em Deus são condicionadas por processos materiais. (LÉVY, 1993, p. 8)

A compreensão da tecnologia se inicia por quem a cria. Para tratar de forma adequada a tecnologia, destaca-se a categoria de mediação dialética entre o homem e o meio, como conjunto das técnicas de que dispõe uma sociedade, visto que essa tecnologia foi criada e é usada entre outras formas, para servir de mediação prática entre o ser humano e a natureza ou a sociedade. Para o autor, o caráter de mediação presente na tecnologia,

> integra-a num processo histórico dialético, impõe a substituição da existente em qualquer época por outra mais adiantada, dela decorrente, num movimento logicamente esclarecido com o emprego das categorias gerais da dialética material. (PINTO, 2005, p. 285)

De acordo com o autor a "evolução dos maquinismos é na verdade a evolução do homem enquanto ser que os constrói" (VIEIRA PINTO, 2005, p. 74). A origem da máquina encontra-se, particularmente, na capacidade humana de projetar, que efetivamente transforma e revoluciona a existência e a qualidade de vida de homens e mulheres são eles mesmos:

> As relações sociais têm sempre a primazia, e de fato constituem o fundamento de todas as realizações do homem. A menos se admitirmos que as máquinas anteriores às do tipo cibernético se gerassem umas às outras, em linha evolutiva progressiva autônoma, temos de aceitar serem obra dos homens. Na origem delas estão as relações entre os seres humanos, que determinam a possibilidade de inventá-las. O grau de aperfeiçoamento expresso pelas máquinas, na verdade não significa o aperfeiçoamento da máquina por si mesma, mas o da consciência humana no conhecimento do mundo. (PINTO, 2005, p. 86)

Para Kenski (2003, 2011), a ideia de tecnologias como simples ferramentas, embora simplista, está extremamente enraizada no subconsciente das pessoas. Neste caso, a tecnologia é compreendida como um recurso facilitador que se materializa, em geral, como máquinas ou equipamentos.

A tendência natural da tecnologia é de desempenhar um papel libertador, porém, esta ainda não é uma realidade atual. O problema não está na tecnologia em si, mas no uso que se faz dela. Esta compreensão depende de um determinado padrão de organização das relações humanas que absorve a técnica e as inovações tecnológicas.

Tecnologia da Informação e Comunicação (TIC) na educação

Tecnologia da Informação e Comunicação (TIC) é o termo que compreende recursos de hardware, software, eletrônica, telecomunicações, automação, dentre outras inovações. Este termo é utilizado em diversos segmentos, entre eles, podemos citar alguns, como por exemplo, bancos, companhias aéreas, setor de telefonia, empresas, transmissão de dados e a educação, universo este que nos permitirá aprofundar reflexões.

No ambiente educacional a utilização da TIC é feita de diversas formas, seja numa aula na qual o conteúdo a ser ministrado é apresentado em forma de slides, em programas de computador, em forma de vídeos ou por meio de Lousas Digitais. As salas de aula podem ganhar espaço para além das instalações escolares, quando os temas das aulas ou das disciplinas são discutidos também em blogs ou em fóruns. Os equipamentos como computadores, notebooks, tablets e smartphones redesenham as possibilidades de leitura, escrita, pesquisa e conhecimento. A internet, como forma de comunicação e transmissão de dados, aproxima, dinamiza e conecta as pessoas.

A união de recursos computacionais, dispositivos eletrônicos e a transmissão de dados permitem à escola e a própria educação uma nova concepção, que vai além do espaço geográfico delimitado e de um tempo determinado. Esta nova concepção de escola vem sendo cada vez mais aplicada e adotada, pois se trata de uma forma atrativa para o processo ensino/aprendizagem. O Ensino à Distância (EaD) pode ser considerado um dos modelos que nasceram da parceria entre educação e tecnologia.

O EaD é uma modalidade de ensino no qual as aulas são conduzidas por meio de vídeo, conteúdos como apostilas, livros (conhecidos como e-books), atividades, exercícios e fórum para discussões. Todos esses recursos ficam disponíveis em plataformas virtuais chamadas de Ambientes Virtuais de Aprendizagem (AVA).

Segundo Almeida 2003, os Ambientes Virtuais de Aprendizagem:

> [...] são sistemas computacionais disponíveis na internet, destinados ao suporte de atividades mediadas pelas tecnologias de informação e comunicação. Permitem integrar múltiplas mídias, linguagens e recursos, apresentar informações de uma maneira organizada, desenvolver interações entre pessoas e objetos de conhecimento, elaborar e socializar produções, tendo em vista atingir determinados objetivos. As atividades se desenvolvem no tempo, ritmo de trabalho e espaço em que cada participante se localiza, de acordo com uma intencionalidade explícita e um planejamento prévio denominado *design educacional*, o que constitui a espinha

> dorsal das atividades a realizar, sendo revisto e reelaborado continuamente no andamento da atividade. (ALMEIDA 2003, p. 331)

O AVA pode ser acessado a qualquer hora, o que permite ao usuário autonomia para organizar seu tempo de estudo e suas atividades acadêmicas. É possível também contar com apoio de um tutor virtual, este seria o profissional disponível para tirar dúvidas e auxiliar em atividades propostas quando necessário. O AVA possibilita a interação de usuários em tempo real ou não.

As escolas têm particularidades específicas e outras comuns, porém, não podem se distanciar do contexto social no qual vivemos. Por isso, atualmente, é impossível pensar a realidade escolar distante ou mesmo desconectada dos avanços tecnológicos presentes na sociedade.

Para Lévy (2000) e Kenski (2003, 2011), as TICs na Educação, permitem um processo diferenciado de apropriação do conhecimento tornando todos que as utilizam mais que usuários, e sim sujeitos de uma realidade de tecnologias presentes, na medida em que permitem outras maneiras de aproximações entre os sujeitos em formação e os diversos saberes construídos e disseminados de forma global. Nesta perspectiva, compreendemos que as TICs na educação auxiliam a formação em comunicação e interação com um mundo, em que as trocas de conhecimentos e socialização de saberes são constantes e superamos obstáculos geográficos e culturais. Assim, não se fazem necessários, exclusivamente, os espaços de formação concentrados em um local formal e determinado, e ganham espaços em ambientes virtuais, que possibilitam e facilitam o diálogo, a aprendizagem e a relação entre pessoas de realidades distintas.

As tecnologias possibilitam que o universo educacional e todos que delem fazem parte estejam em contato com diversas realidades, de forma que as escolas passam a estar em um processo de construção e troca de saberes. As TICs são ferramentas importantes que ultrapassam as instalações escolares. Com o uso das tecnologias, a escola pode encontrar uma dinâmica capaz de promover os contatos presenciais e virtuais. Assim, as tecnologias oferecem à escola oportunidade de desenvolver projetos de ensino que contribuem para diálogos com comunidades diversas em torno da construção do conhecimento. As tecnologias permitem encontros (com uma dimensão muito além da geográfica) e a integração entre as pessoas e seus meios.

Portanto, as tecnologias nos conectam a um tempo marcado pelas trocas de conhecimentos e informações; um tempo que é simultâneo e atemporal. Não possui início, fim e nem uma sequência. Neste contexto, os saberes viajam em alta velocidade e por meio de satélites; e a comunicação entre pessoas de lugares distantes ocorre simultaneamente.

Tecnologias digitais e educação

A sociedade passa por diferentes mudanças em todas as áreas do conhecimento e da vida humana. Segundo Vieira Pinto (2005), cada período histórico da humanidade apresenta as formas tecnológicas e as técnicas necessárias para o seu desenvolvimento. Para o autor, "o homem não seria humano se não vivesse sempre numa era tecnológica" (2005, p. 18). O avanço tecnológico tem beneficiado a sociedade em vários aspectos.

A palavra tecnologia compreende desde aspectos pré-históricos até objetos mais modernos e, como dispositivos móveis e multimidiáticos, como por exemplo, tablets, smartphones e lousas digitais:

> [...] a expressão "tecnologia" diz respeito a muitas outras coisas além de máquinas. O conceito de tecnologias engloba a totalidade de coisas que a engenhosidade do cérebro humano conseguiu criar em todas as épocas, suas formas de uso, suas aplicações. (KENSKI, 2011, p. 22-23)

No contexto escolar, as tecnologias digitais ganharam espaço maior, em meados dos anos 1990, através do Programa Nacional de Tecnologia Educacional (Proinfo) que tem como objetivo promover o uso da tecnologia como ferramenta de enriquecimento pedagógico no ensino público. O Proinfo, com investimento do governo federal potencializou a popularização das tecnologias no contexto educacional. E entre outras tecnologias e recursos digitais, equipou escolas públicas com computadores e laboratórios de informática. A presença das novas tecnologias na escola, especialmente o uso do computador como recurso didático, transformam o ensino e o instrumento tornava mais atrativa a abordagem de conteúdos, tornando diferenciada também a forma de aprendizagem.

A concepção de rede contribui para a quebra da cultura vertical e hierárquica, na qual o aluno está abaixo do professor, para a construção da compreensão de que os dois podem estar lado a lado, aprendendo e ensinando, juntos, em um processo dialético. A informação não está mais somente com o professor ou na leitura impressa de livros. Existem grandes quantidades de informações disponíveis em rede e acessíveis a todos os conectados, em vez de transferência de conteúdos, a relação coletiva com as informações disponíveis leva a reconstruí-las gerando outro conhecimento que supere o anterior, num processo de construção coletiva do conhecimento.

As novas tecnologias digitais podem potencializar o ensino e a aprendizagem, porém, não como solução milagrosa que rodeiam os desafios da educação. Pensar a aprendizagem integral das pessoas, individual e coletivamente, valorizando as possibilidades que as tecnologias digitais proporcionam, exige clareza de que será necessário que a ação pedagógica desperte a visão crítica, sendo outro grande desafio da educação a forma como todos que compõem a escola se apropriem informações e, de modo colaborativo e compartilhado, possam transformá-las em conhecimento, num processo de conscientização social e socialização de saberes. A relação entre tecnologias digitais, educação e desenvolvimento nos desafia a sua interação e mediação com uma análise para compreender esse processo nos ambientes educacionais, contudo, a valorização das tecnologias digitais como mediações pedagógicas. Isso implica a criação de um novo estilo de pedagogia que envolva as tecnologias digitais e favoreça a aprendizagem por meio dela.

Lousas digitais interativas e suas características

Levy (1996) aborda a virtualização e a desrealização, esclarecendo que são conceitos diferentes entre si. A virtualização é considerada como uma troca de identidade, um deslocamento do centro do objeto. A desrealização caracteriza a irrealidade do objeto considerado. Assim, existe a necessidade de que as escolas busquem desenvolver em seus alunos o processo de virtualização, saindo do campo do possível e indo além, por meio de processos de transformação de amplas possibilidades. Estamos caminhando para uma nova proposta de ensino, onde ganham espaço os recursos tecnológicos. Neste contexto, a Lousa Digital é considerada um recurso facilitador didático, contribuindo e mediando práticas inovadoras e voltadas a sala de aula, tendo como característica a linguagem dinâmica e interativa. Segundo Levy:

> O hipertexto ou a mídia interativa adéquam-se particularmente aos usos educativos. É bem conhecido o papel fundamental do envolvimento pessoal do aluno no processo de aprendizagem. Quanto mais ativamente uma pessoa participar da aquisição de um conhecimento, mais ela irá integrar e reter aquilo que aprender. Ora, a mídia interativa, graças à sua dimensão reticular e não linear, favorece uma atitude exploratória, ou mesmo lúdica, face ao material a ser assimilado. É, portanto, um instrumento bem adaptado a uma pedagogia ativa. (LEVY, 1993, p. 24)

A Lousa Digital é um recurso que une a concepção antiga de quadro negro com a concepção moderna de tecnologia, basicamente seria a junção de um computador dedicado, um projetor multimídia, um sistema operacional, e sensores acoplados a um quadro, que integrados, interagem com o usuário permitindo inovar durante as aulas, por meio de suas variadas ferramentas e com todos os recursos que um computador pode oferecer para ser trabalhado de forma coletiva.

A lousa digital é como uma tela imensa de um computador, porém mais inteligente, pois é sensível ao toque. Assim, todos os recursos de um computador, de multimídia, simulação de imagens e navegação na internet é possível ser realizado também com a Lousa Digital.

É possível ao professor preparar apresentações e atividades em softwares específicos de computador, ou complementar as aulas preparadas com a contribuição da internet para determinado objetivo. Durante a aula, é possível, enquanto apresenta o conteúdo programado, navegar na internet com os estudantes, socializar saberes de forma dinâmica e interativa. Pode ainda criar ou utilizar jogos e atividades simultâneas, contando com a participação de todos alunos, que pode ir até a lousa e escrever nela por meio de um teclado virtual ou por meio de uma caneta especial ou com o dedo, já que a lousa capta todas essas formas de entrada de dados.

O estudo com este recurso inovador permite apresentações em três dimensões, por exemplo para apresentar o corpo humano e estudar geografia com a ajuda de mapas feitos por satélite, mesmo o sistema solar disponíveis em rede ou até mesmo em softwares dedicados. Todas as etapas da aula e das interações feitas na Lousa digital podem ser salvas e compartilhadas com os alunos, uma das formas seria por e-mail, sendo estas opções do usuário.

Usando a criatividade é possível encontrar na Lousa Digital inúmeras possibilidades, criando, dando movimento aos objetos inanimados, inserindo som, tudo isso com o simples toque.

A Lousa Digital pode ser utilizada em todas as etapas da Educação e da escolarização, seja na Educação Infantil para mediar jogos e brincadeiras e na alfabetização por meio do teclado digital ou ilustrando histórias contadas. No Ensino Fundamental, a matemática pode ganhar formas por meio de gráficos que podem ser apresentados de forma digital, a disciplina de história pode ser ministrada com o auxílio da apresentação de imagens. No Ensino Médio, os docentes podem contar com o apoio de vídeos e comentários da literatura e outras áreas do conhecimento. Por fim, na graduação e pós-graduação, a Lousa Digital pode possibilitar um universo gigantesco de possibilidades de pesquisa.

Para Kenski (2003), o professor, em um mundo em rede, é um constante e insaciável pesquisador. Um profissional que descobre e se reinventa a cada dia, que aceita os desafios e avança as possibilidades de sua época para se aprimorar cada vez mais, que procura conhecer seus limites para definir novos caminhos e traçar novos objetivos de aprendizagem a cada instante.

Sobre o processo de mudanças na sociedade do conhecimento, Levy (1996) destaca que se torna indispensável uma formação continuada, na qual as profissões se renovam e os conhecimentos possuem um ciclo de renovação cada vez menor, citando a informática com um ciclo de renovação de aproximadamente três anos ou até menos.

Considerações finais

As reflexões do presente texto nos levam a entender que as tecnologias sempre existiram e estão presentes desde o surgimento da humanidade, cada qual a seu tempo e de acordo com o respectivo contexto histórico. Conquistou seu espaço também na Educação, onde as TICs oferecem a proposta de novas práticas pedagógicas.

Educar é antes de tudo, formar para a vida. Tendo a escola este compromisso social, fundamental para promover mudanças, transformações e inclusões na sociedade. Neste contexto, compreendemos que as tecnologias devem fazer parte do processo de escolarização, portanto, Educação e Tecnologias são indissociáveis nos dias atuais.

São necessárias políticas efetivas para garantir o acesso a tecnologias digitais no âmbito Educacional. E tão ou mais importante que este acesso é a garantia da permanência de alunos no universo tecnológico. É preciso desmistificar o caráter elitista das tecnologias, valorizar o processo ensino/aprendizagem mediado por recursos tecnológicos que auxiliem e facilitem o semear, o propagar e o compartilhar do conhecimento.

As tecnologias permitem de forma dinâmica e instigante a interação didática e estimula a participação ativa dos estudantes, apoiando e potencializando novas construções do conhecimento.

Portanto, a melhor, mais ampla e efetiva forma de inclusão, seja social ou digital, é a Educação. A Educação nos permite ir além, amplia horizontes, projeta dimensões futuras e nos leva e compreender que não podemos tudo, mas, podemos muito.

Referências

ABBAGNANO, Nicola. *Dicionário de filosofia.* 2. ed. São Paulo, 1982.

ALMEIDA, Maria, E. B. Educação a distância na internet: abordagens e contribuições dos ambientes virtuais de aprendizagem. *Educação e Pesquisa,* v. 29, n. 2, 2003.

KENSKI, Vani M. *Educação e tecnologias:* o novo ritmo da informação. Campinas: Papirus, 2011.

______. *Tecnologias e ensino presencial e a distância.* Campinas: Papirus, 2003.

______. Aprendizagem Mediada por Tecnologias. *Revista Diálogo Educacional,* Curitiba, v. 4, n.10, p.47-56, set./dez. 2003.

LÉVY, Pierre. *Cibercultura.* Rio de Janeiro: Editora 34, 2000.

______. *O que é Virtual?* Rio de Janeiro: Editora 34, 1996.

______. *As tecnologias da inteligência:* o futuro do pensamento na era da informática. Rio de Janeiro: Editora 34, 1993.

LÉVY, Pierre; PINTO, Álvaro Vieira. *O conceito de tecnologia.* Rio de Janeiro: Contraponto, 2005.